LA PREMIÈRE

TOURNÉE DE RÉVISION

DANS

LA PROVINCE DE CONSTANTINE

PAR

LE Dr BRYON

MÉDECIN-MAJOR DE 1re CLASSE

CHEVALIER DE LA LÉGION-D'HONNEUR, OFFICIER D'ACADÉMIE

MEMBRE CORRESPONDANT DE LA SOCIÉTÉ DE MÉDECINE

ET DE CHIRURGIE PRATIQUES DE MONTPELLIER

DE LA SOCIÉTÉ MÉDICALE DE LA SARTHE, DE LA SOCIÉTÉ DES SCIENCES

ARTS ET AGRICULTURE DE POLIGNY (JURA)

DE LA SOCIÉTÉ PHILOMATIQUE DE VERDUN

CONSTANTINE	A PARIS
Imprimerie Ch. BAYARD,	chez CHALLAMEL aîné, éditeur
1, Place du Palais, 1	5, rue Jacob, 5

1877

LA PREMIÈRE

TOURNÉE DE RÉVISION

DANS

LA PROVINCE DE CONSTANTINE

Les Conseils de révision, un par province, ont opéré pour la première fois en Algérie cette année (1876) et les séances dont nous nous occupons ici ont commencé dans le département de Constantine le 11 mai (1). Le conscrit accepté étant le résultat de la validité des deux sexes, la pierre de touche, pour ainsi dire, de la virilité d'une population, nous avons supposé qu'il ne serait pas indifférent à ceux que notre colonie intéresse à un titre quelconque, d'avoir un aperçu des résultats de cette opération auquel nous avons joint quelques considérations sur la région, au point de vue de son histoire, son climat, ses produits, l'accroissement de l'élément européen etc., etc. Cette étude, à notre sens, a son importance dans un pays neuf, dont chaque année marque les pas vers une amélioration sensible; où, par exemple la population européenne, du chiffre

______

(1) Notre travail était terminé au mois d'octobre 1876, quand l'ordre du recensement général de la population, dont nous avons voulu faire connaître les résultats, nous a engagé à en retarder la publication.

de 600 pour toute l'Algérie en 1830, a atteint, au recensement officiel de 1872, celui de 245,117.

Nous avons donné à cette esquisse la forme d'un itinéraire, dans l'espoir (ne fût-ce que celui-là) d'être utile à nos successeurs en tournée de révision, eu égard aux moyens de transport qui ont été, cette première fois, loin de nous offrir les conditions de vitesse et de sécurité que l'on trouve en France en pareille occasion.

La province de Constantine, la plus étendue des trois divisions de l'Algérie, bornée au nord par la Méditerranée, du cap Roux au cap Corbelin, a pour frontière orientale la Tunisie, et pour points extrêmes de ce côté, en descendant vers le sud, La Calle, Roumel-Souk, Bou-Hadjar, Souk-Ahras, la Smala du Meridj et Tebessa. La frontière méridionale est difficile à délimiter une fois passé Tuggurt. En 1873, le général de Gallifet, par une pointe hardie, alla affirmer la domination française à plus de mille kilomètres de la côte, à El-Goleah, dont les habitants, mis une première fois en rapport avec les Français, par Si-Hamza, se croyaient assez loin de nous, pour regarder notre suzeraineté comme illusoire. Bougie, Bordj-bou-Arreridj, M'silah et Bou-Saâda, sont à l'Ouest les localités les plus importantes.

La superficie de la province est de 20,050,000 hectares, dont 1,250,000 de Sahara, déserts, pays de parcours, etc.

Orographie.

On peut considérer ce pays, dans la partie qui constitue le Tell et les Hauts-Plateaux, comme un vaste massif montagneux, ayant deux chaînes principales allant parallèlement à la mer, de l'est à l'ouest, et dont les contreforts et les chaînes secondaires se multiplient, donnant naissance et formant des bassins à divers cours d'eau dont nous citerons plus loin les plus importants.

Parmi les montagnes remarquables à divers titres, viennent les monts Aurès, d'une superficie d'environ 800 kilomètres, au milieu desquels le Djebel-Cheliah et le pic de Tuggurt (Djebel-Tougour) s'élèvent, le premier à 2,300 mètres au-dessus du niveau de la mer, le second à 2,080; le Bou-Taleb (à 60 kilomètres de Sétif) que l'on peut considérer comme le commencement de cette chaîne importante qui sépare les plaines de Sétif de celles du Hodna; un massif limitrophe des deux provinces, où l'on admire le fameux passage des Portes de Fer; au bord de la mer, près de Bougie, le Gouraïa; près de Philippeville, le Filfila et aux environs de Bône, le massif de l'Edoug.

Les principaux bassins sont, en allant de l'ouest à l'est, ceux de la Soumam ou Oued-Sahel, du Rummel qui prend le nom d'Oued-el-Kebir avant de se jeter à la mer; du Saf-Saf, d'un second Oued-el-Kebir, de la Seybouse et de la Mafrag.

La Soumam est une des rivières les plus considérables de l'Algérie et son parcours est de plus de 200 kilomètres. *Cours d'eau.*

Le Rummel, dont la source est aux environs de Sétif, passe à Constantine où son lit encaissé et ses cascades font l'admiration et l'étonnement des touristes; à 24 kilomètres plus loin il s'engage de nouveau dans les gorges profondes d'un massif montagneux (le Kreneg), au bord desquelles se trouvent les ruines, en maint endroit assez bien conservées, d'une cité romaine importante, que la similitude de sa position avec celle de Constantine, relativement au Rummel a fait quelquefois confondre avec l'ancienne Cirta. (Les Arabes appellent encore cet endroit la vieille Constantine.)

Le Saf-Saf se jette dans la mer à quelques cents mètres de Philippeville, après avoir reçu comme principal affluent, le Zéramna, desséché en été et torrent impétueux en hiver.

Une rivière considérable, l'Oued-el-Kebir, a son embouchure entre le cap Filfila et le cap de Fer.

La Seybouse, accessible à certaines embarcations jusqu'à 12 kilomètres de son point de jonction avec la Méditerranée près de Bône, et la Mafrag, grossie de l'Oued-bou-Hadjar, vont à la mer entre Bône et La Calle.

Outre ces cours d'eau qui tous coulent au nord, d'autres se dirigent vers le sud, moins importants, presque toujours desséchés ou se perdant dans les lacs salés de cette région; la rivière la plus considérable de la portion saharienne est l'Oued-Djeddi, qui reçoit de nombreux affluents et va se jeter dans le lac Melghir.

Lacs.

Ces lacs salés communément appelés chotts, se rencontrent en grande quantité dans le sud; on en trouve au moins seize dans la partie méridionale de la province, entr'autres celui du Hodna qui reçoit douze cours d'eau; le chott Bida et le lac Taïf; on trouve aussi, à cheval sur la route de Constantine à Batna, au relais Bottinelli, le lac salé M'souri.

Le manque d'eau des régions sahariennes semblait devoir frapper de stérilité cette fraction de la province : mais, de 1856 à 1876, des forages exécutés principalement dans les oasis de Djama et Mazer, dans l'Oued-R'hir et le Hodna ont donné à ces régions un débit de 2,226 litres d'eau à la seconde, c'est-à-dire une quantité suffisante pour l'irrigation utile de 6,000 hectares de terre.

Parmi les lacs salés de la région de l'est se trouve celui de Fetzara, jusqu'ici un foyer de miasmes insalubres surtout au moment de l'abaissement de ses eaux, et appelé dans un temps rapproché à donner à la contrée, par suite de la culture de ces immenses terrains, préalablement mis à sec, une grande valeur; un projet de dessèchement partiel adopté récemment par le Gouvernement général permettra de transformer en un bois d'eucalyptus, 4,000 hectares du lac Fetzara.

Sources minérales.

On compte dans la province de Constantine, plus de neuf sources d'eaux minérales importantes, et au premier rang, celles d'Hammam-Meskoutine dont nous nous occuperons à propos de Guelma.

Minéraux.

Le sol renferme une grande quantité de minéraux; le fer, le mercure, l'antimoine, le plomb argentifère, le zinc et le cuivre s'y rencontrent à plusieurs états et sur toute l'étendue du territoire où l'on trouve également des platrières et des carrières de marbres très estimés. Il existe actuellement dans les trois provinces 168 gîtes minéraux reconnus, et l'exploitation des minerais d'Algérie, pour le premier semestre 1876 donne les chiffres suivants : 234,000 tonnes de minerai de fer, 2,438 de cuivre et 727 de plomb. La province de Constantine est la plus privilégiée dans ces chiffres; la mine de Mokta-el-Haddid, par exemple, a fourni à l'exportation 184,150 tonnes représentant une valeur de 3,300,000 francs.

La grande épaisseur des terrains d'alluvion et la composition de la terre végétale argilo-calcaire assurent au sol une grande fertilité.

L'essence forestière de la province, couvre un espace de 1,103,407 hectares, et dans cette évaluation nous omettons l'immense partie de terrains couverts de lentisques, myrthes, chênes-nains et bruyères, qui s'étend le long de la côte, de Bougie à La Calle.

Produits forestiers.

Les espèces les plus importantes sont : le chênezéen, le chêne-vert, le chêne à glands doux, le chêneliége, l'aulne, le thuya, un des riches produits des forêts algériennes et dont la racine s'est assurée une des premières places dans l'ébénisterie française; l'olivier, le pin, l'orme, le frêne, le peuplier, l'érable, le tremble, le saule, le genèvrier, dont le tronc atteint quelquefois un diamètre de 70 à 80 centimètres; au Gouffi de Collo, le chêne à feuilles de châtaignier, des ifs remarquables dans l'Aurès, l'abiés pinsapo du Babor, conifère unique au monde, dit-on, et variété d'une espèce qu'on ne trouve que dans la Sierra Nevada d'Espagne; le nerprun, dont la densité égale celle des bois les plus durs; enfin, plusieurs variétés d'eucalyptus : ce précieux végétal réussit parfaitement jusqu'à une certaine altitude; à Constantine, ses chances de rapide accroissement diminuent déjà. Son développement considérable dans un temps très court et lorsqu'il rencontre un terrain propice, et la dureté de son bois en font une grande ressource pour le charronnage, la charpenterie et la menuiserie; sa possibilité de se reproduire en rejets multiples lorsque le tronc a été coupé à son pied, comme la futaie de France, en fait une riche acquisition pour la sylviculture; enfin ses feuilles donnent une essence particulière, très pénétrante et fort agréable, que le commerce de parfumerie a déjà utilisée de mille manières et à laquelle on a surtout attribué de grandes vertus antiseptiques et fébrifuges.

Routes et voies ferrées. Douze routes, dont dix complètement achevées, relient entr'eux les points les plus importants de la province. De plus, le chemin de fer de Philippeville à Constantine est depuis plusieurs années en exploitation; celui de Bône à Guelma, destiné à être poussé jusqu'à Tebessa avec embranchements futurs de Souk-Ahras à Duvivier, et de Guelma au Khroub, vient d'être livré à la circulation tout récemment; une voie ferrée particulière dessert les mines de Mokta : le chemin de fer de Constantine à Sétif est commencé, ainsi que les études pour sa continuation sur Alger et Bougie; enfin, une ligne du même genre, dont la concession est accordée à une Compagnie française par le Gouvernement tunisien, doit, dans un avenir très prochain, resserrer les relations commerciales qui existent entre Constantine et la Régence, grâce surtout à la sympathie éclairée de Son Ex. Khéreddine, ministre des relations extérieures du Bey, notre voisin.

Climat. Le climat de la région qui nous occupe varie comme sa conformation géologique; généralement chaud et humide sur le littoral, il est quelquefois rigoureux aux altitudes de Souk-Ahras, Constantine, Sétif, Batna, Aïn-Beïda, etc., et beaucoup plus chaud qu'au bord de la mer, dans le sud et sur la ligne des oasis. Un fait intéressant à noter, c'est la facilité relative que l'on a de supporter la chaleur de Tuggurt et Ouargla par exemple, comparativement à celle du littoral, quoique celle-ci soit bien moins élevée, et il nous est toujours resté dans la mémoire le fait d'un de nos camarades arrivant de Tuggurt en plein mois de juillet et se plaignant de la température de Philippeville; c'est que les conditions hygrométriques ne sont pas les mêmes à ces deux points si distants l'un de l'autre; la grande chaleur sèche des régions sahariennes se supporte mieux, grâce à l'évaporation rapide de la transpiration cutanée, évaporation toujours comprimée, pour ainsi dire, par l'atmosphère du littoral plus ou moins, mais toujours saturée d'humidité; les chiffres psychrométriques suivants peuvent en donner une idée :

Juillet 1856. . . . {
Laghouat (oasis), température : 33 31 ; — humidité relative : 27 ; — tension de la vapeur ; 9,16.
Alger (littoral), température ; 25 ; — humidité relative : 81 ; — tension de la vapeur : 17,25.

Août 1876 . . . . {
Biskra (oasis), température : 45 ; — humidité relative : 30 ; — tension de la vapeur : 7,44.
Bougie (littoral), température : 32 30 ; — humidité relative : 59 45 ; — tension de la vapeur : 16,71.

Nous donnons plus loin un résumé d'observations thermométriques prises pendant une période de douze mois à différents points de la province et à différentes altitudes; nous avons mentionné dans ce tableau deux villes de la côte : Philippeville et Bougie, cette dernière se trouvant moins bien partagée sous le rapport des bénéfices de la brise du nord, dont le mont Gouraïa la prive en partie. (1)

[1] Les stations météorologiques de la province et probablement de toute la colonie laissent encore à désirer : beaucoup de localités en sont privées; d'autres manquent de quelques instruments; quelquefois même, là où ce travail devrait être complet, il est défectueux. D'après M. Niel, professeur d'histoire et de géographie au collège de Bône, M. Sainte-Claire Deville avait été chargé d'installer en Algérie un service météorologique aussi développé que possible : des observatoires de premier ordre seraient, dans la région, créés à Constantine, Batna, Djidjelli, Bordj-bou-Arreridj, Tebessa, etc.

Du reste, dans chaque localité où il existe un hôpital militaire, les résultats de ce genre sont enregistrés d'une manière consciencieuse et nous avons pu trouver, d'autre part, à la Direction du service des Eaux et Forêts du département, ceux qui nous manquaient pour les postes militaires où il n'y a qu'une infirmerie ou une ambulance sédentaire.

OBSERVATIONS thermométriques de quelques localités de la province de Constantine

ANNÉES.	MOIS.	RÉGION DU LITTORAL				ALTITUDES DE 280 A 1000 MÈTRES.										RÉGION saharienne	
		Philippeville.		Bougie.		Guelma.		Constantine.		Sétif.		Tébessa.		Batna.		Diskra.	
		Température moyenne.		Température moyenne.		Température moyenne.		Température moyenne.		Température moyenne.		Température moyenne.		Température moyenne.		Température moyenne.	
		Maxima.	Minima.	Maxima.	Minima.	Maxima.	Minima.	Maxima.	Minima.	Maxima.	Minima.	Maxima.	Minima.	Maxima.	Minima.	Maxima.	Minima.
1875	Septembre	27 4	18 3	29 4	20 59	33 3	16 5	31 2	17 7	28 6	14 3	28 2	12 4	28 7	12 2	41 0	23 3
	Octobre	21 9	14 4	23 97	16 41	24 8	12 6	23 0	12 5	21 2	9 1	21 3	9 5	20 8	7 0	25 3	16 9
	Novembre	18 1	10 6	20 35	12 49	20 3	8 6	15 0	7 7	15 8	4 4	16 7	4 0	16 2	1 8	20 0	11 3
	Décembre	12 7	5 1	14 58	7 53	13 1	3 7	8 1	2 4	8 4	0 9	11 90	0 5	7 3	1 4	11 8	4 9
1876	Janvier	14 1	5 0	14 60	7 76	14 2	4 0	9 5	3 5	8 7	0 6	10 3	0 5	8 6	0 7	12 6	4 4
	Février	15 3	5 1	18 14	8 12	18 3	4 4	13 9	5 0	13 8	2 0	15 1	1 9	13 9	0 4	15 3	7 9
	Mars	17 0	6 5	18 24	10 01	19 9	6 3	14 7	67 7	15 9	3 4	19 8	3 4	15 6	1 9	21 4	11 3
	Avril	18 6	9 2	20 53	10 77	21 2	8 2	18 4	8 1	15 9	4 7	18 3	5 6	16 4	3 8	22 3	16 4
	Mai	22 7	13 9	25 14	14 05	27 3	12 2	25 5	12 -7	23 7	9 2	25 2	8 9	23 7	8 2	28 7	19 1
	Juin	23 1	15 0	25 75	14 24	28 0	14 2	25 8	14 9	25 6	14 8	26 26	9 55	26 0	10 1	30 5	21 5
	Juillet	26 6	17 1	31 18	18 67	33 4	16 1	33 6	18 3	31 1	15 1	30 2	13 2	31 6	12 0	43 0	26 8
	Août	28 1	18 7	32 30	20 82	35 2	18 0	34 5	21 0	32 9	16 9	32 0	1444	32 3	11 8	42 0	25 8

Pluies pendant la même période

ANNÉES.	MOIS.	LITTORAL. (Bougie.)	ALTITUDE 650 mètres. (Constantine.)	RÉGION saharienne. (Biskra.)
1875	Septembre	0,016,8	0,058,5	5 jours de pluie
	Octobre	0,059,1	0,013,»	2 id.
	Novembre	0,102,5	0,042,5	1 id.
	Décembre	0,110,7	0,036,»	6 (1re quinzaine)
1876	Janvier........	0,086,7	0,029,»	5 id.
	Février	0,035,5	0,020,5	5 id.
	Mars..........	0,002,91	0,024,»	4 id.
	Avril	0,003,54	0,058,»	1 id.
	Mai	0,017,3	0,073,»	9 id.
	Juin.	0,018,4	0,061,»	5 id.
	Juillet	» » »	0,004,»	2 id.
	Août	0,000,38	0,016,»	» id.

Le manque d'instruments dans beaucoup de localités ne nous a pas permis de compléter ce tableau.

Les villes du littoral de la province, à part Bougie, moins favorisée sous ce rapport, par suite de sa position particulière, ont le bénéfice d'une ventilation pour ainsi dire constante; pendant l'été le vent normal est presque toujours nord-nord-ouest ou nord-est. On peut dire que la brise de mer se lève régulièrement à 9 heures du matin pour durer jusqu'à 4 heures du soir, moment où elle fait place au vent de terre, quelquefois brûlant, c'est alors le *siroco*, qui affecte généralement une durée de un, trois ou six jours. Il est bien évident que la disposition des chaînes de montagnes qui traversent le pays presque toujours parallèlement à la mer, privent certaines localités d'une partie ou de la totalité des avantages de la brise. D'autre part, les erreurs d'observations relatives à la direction des vents sont faciles « quand on se base uniquement sur des girouettes dont la roideur de rotation est insensible à la plupart des brises continentales (1). » Pour un autre motif les mêmes erreurs d'indications générales peuvent être commises, lorsque le vent, contrarié dans sa direction normale par la configuration accidentée d'un sol montagneux arrive obliquement

(1) Docteur PAULY : *Mémoires de médecine militaire*, 1869.

dans telle localité pour laquelle il sera nord-ouest ou nord-est, tandis que sur le littoral il arrivera réellement du nord. Dans le tableau suivant, Guelma en est un exemple; à une faible distance de Bône elle n'a pas la même ventilation moyenne que cette dernière :

Vents

ANNÉES.	MOIS.	BOUGIE.	BÔNE.	GUELMA.	CONSTANTINE.	SÉTIF.	BISKRA.
1875	Septembre ...	NO-SE	NE	NO-S	N	N-NO	SE
	Octobre	NO-SE	NO	O-NO	N	N-NO	N
	Novembre....	NO	SO	SO	NO	N-NO	N
	Décembre....	NO	SO	O-SO	S	S-SO	N
1876	Janvier	NO	S-SO	SE-SO	O	N-NO	NE
	Février	NO	E	SE-SO	SO	S-SO	N
	Mars	NO	NO	SO-O	O	N-NO	Pas de renseignements.
	Avril	NO	NO	O	O	S-SO	
	Mai	NE	SO	O-NO	N	N-NO	
	Juin	NE	N	NO-NE	NO	N-NO	
	Juillet	NE	N	O-SO-NO	NO	S-SE	
	Août	NE	N	NO	O	S-SO	

Monsieur le docteur Pauly fait ressortir la fréquence en Algérie des brumes nocturnes, principalement en été et en automne; « ces brumes sont quelquefois très

denses et les plaines qui en sont le plus souvent re-
couvertes, où l'on peut le mieux les observer, sont toutes
des plaines à endémies sérieuses » et plus loin « re-
marquons ici une fois de plus la disposition presque
constante du lit des brumes nocturnes ou diurnes dans
la zône la plus basse de l'air. De cette façon il arrive
que, même dans les périodes de sécheresse prolongée,
il se forme dans les nuits sereines un lit de brumes
épaisses dans les régions les plus basses de l'atmosphère ; les exhalaisons diurnes d'un sol quelquefois
fendu et déchiré par une longue sécheresse suffisent
parfaitement à cela, parce que le froid des nuits les
ramasse et les condense rapidement en une couche
très basse, comme si une machine à pression ajoutait
son effort à celui de la pesanteur ; le rayonnement des
corps vivants n'est pas arrêté par ce linceul de brumes d'une épaisseur trop faible pour jouer le rôle
d'écran. Aussi a-t-on à la fois les tristes facultés de se
refroidir très vite par suite du rayonnement nocturne
et de subir en même temps des effets de répercussion
dangereuse par l'application à la peau d'un air saturé
d'une humidité glacée : des pertes d'électricité, de celle
qui est accumulée à la peau, doivent suivre nécessai-
rement toutes ces actions d'un air imprégné de vapeurs.
Pendant que ces périls sont accumulés sur les habitants des plaines ou du fond des vallées, il suffit
souvent de s'élever de quelques mètres pour trouver
une zône indemne de toutes ces effluves. »

Déjà, antérieurement à la publication de l'étude qui
précède, M. le docteur Quesnoy *(Mémoires de médecine
militaire*, tome 14, 1865.) fait la différence des conditions de salubrité entre la zône des plaines et les zônes
élevées « au point de vue des cultures, les plaines de
l'Algérie offrent certainement des ressources plus
grandes que les montagnes ; la terre y est plus légère
et plus féconde, les communications plus faciles, les
moyens d'irrigation plus nombreux ; mais au point de
vue de la salubrité, les conditions sont moins favora-
bles ; toutes les plaines ont une température plus
élevée, toujours des marais ou des brouillards. Ce n'est
pas à dire, pourtant, qu'il faille proscrire tout établis-

sement dans les plaines ; ce serait laisser inféconde la
plus riche partie de nos possessions ; mais il faut avant
d'y jeter une population agricole, avoir fait disparaître
par des travaux appropriés tous les terrains marécageux qui engendrent les maladies : il faut avoir suffi-
samment assaini les localités pour que le colon n'ait
plus à lutter que contre l'influence des défrichements. »

Ces brumes signalées en Algérie et qui, à la Guyane
française et dans d'autres colonies également, influent
sur la santé publique, se remarquent dans beaucoup
d'endroits de la province. Le pénitencier d'Aïn-el-Bey
en offre de constants exemples, non sans préjudices
sérieux pour les militaires qui y sont détachés. Et
pourtant, à quelques cents mètres de ce lieu malsain,
se trouvent des ruines qui indiquent qu'à l'époque de
l'occupation romaine existait là un centre considérable
de population, l'ancienne Siddar, où les traces de nombreuses villes de plaisance font croire à la prédilection
des Romains aisés pour cet endroit ; on y a découvert
des pierres tumulaires rappelant que des habitants y
ont vécu jusqu'à l'âge de cent neuf ans. Un précepte
d'hygiène élémentaire doit donc être conseillé au colon
qui aura à travailler dans la plaine : c'est d'avoir autant que possible, son habitation, non au centre de
son travail, mais sur une hauteur. (L'exposition nord-
est est la meilleure.)

Deux villages, situés à peu de distance de Philippeville, l'un Vallée, sur la route de Jemmapes, l'autre
Saint-Charles, sur celle de Constantine, sont un exemple frappant des considérations qui précèdent. Le
premier, bâti sur un mamelon relativement peu élevé,
jouit d'une salubrité exceptionnelle, malgré le voisinage
du Saf-Saf à l'ouest et au nord et des terrains marécageux de la plaine qui sépare ce village de la mer au
nord et au nord-est ; une santé florissante est l'apanage
des habitants qui ne se plaignent que d'une chose,
c'est de n'avoir pas assez de terres à cultiver.

En regard de cette position, le village de Saint-
Charles, bâti au bord du Saf-Saf et d'un de ses affluents,
tous deux pourtant très encaissés à cet endroit, a vu,
dès les premières années, sa population décroître, je

dirai presque disparaître. Les quelques Européens qui ont été obligés d'y rester sont en permanence sous le coup de la fièvre périodique qui, semblant même, chez quelques-uns, ne plus trouver assez d'éléments de réaction vitale pour se traduire en violents accès, s'y maintient à l'état de cachexie profonde. Il y a dans ce malheureux village, dont les deux tiers des maisons sont ou abandonnées ou louées aux Arabes, une brigade de gendarmerie qui se renouvelle tous les quatre ans, non par l'effet de mutations officielles, mais pour cause de santé. Le clocher du village seul est situé sur une petite hauteur où logiquement on aurait dû installer le centre de population tout entier.

Comme beauçoup de questions du même genre l'ethnographie du pays qui nous occupe a un point de départ des plus vagues. Suivant M. Albert Reville, inspiré du travail de M. Tiele, professeur de théologie à Leyde « Carthage, colonie tyrienne, succéda, au IXe siècle avant notre ère, à une colonie sidonienne antérieure. » Il est intéressant de voir la similitude de certaines coutumes et de certains noms entre ces vieilles races et les populations arabes et juives actuelles ; un des dieux phéniciens, Adon, l'Adonis des Grecs, reste traditionnel et canonique chez les Hébreux, sous le nom d'Adounaï. Le deuil d'Adonis, chez les Phéniciens, était observé avec une sévérité qui fait penser au Rhamadan des Arabes actuels ; non sans analogie, à la chasteté et à la sobriété, succédait une période de débauches « où les filles et les femmes étaient obligées de se prostituer et de consacrer au temple le salaire de leur déshonneur. »

Le nom sémitique Kebirim, s'appliquant aux grands, aux chefs, n'est-il pas le Kebir de nos Arabes ?

Le dieu Baal Hammam, honoré par les Phéniciens se retrouve en Afrique, représenté au-dessus d'une inscription numide gravée par ordre de Massinissa (Albert Reville).

Trois siècles environ avant la conquête romaine, Hérodote parle déjà de la différence profonde qui existe entre les peuples de la contrée : il leur donne le nom de Lybiens et les partage en *pasteurs*, habitants

Ethnographie.

du sud sous le nom d'Auses, plus tard Auasitœ, gens des Auasis, et *laboureurs*, occupant le nord de l'Afrique ; ce sont les Maxyes qui deviendront les Maziques et Masices.

Un siècle et demi après la prise de Carthage, Strabon parle des Numides, des Maures et des Gétules, la Numidie, correspondant à la province de Constantine actuelle et ayant pour frontière, à l'ouest, la Mauritanie, constituée par les provinces d'Alger et d'Oran de nos jours et le Maroc. Tout cet espace avait pour limite au sud le pays occupé par les pasteurs Gétules, région parsemée d'Auasis, nom donné, suivant Strabon, par les Egyptiens, aux oasis ou Ksours actuels et dont les habitants étaient appelés plus tard Auasitœ par Ethicus.

Après Strabon, Pline, entr'autres villes qu'il trouve assez considérables pour les regarder comme peuplades, cite celle des Sabarbares d'où nous aurons les Barbars ou Barbares (Berbères) ayant ici une signification particulière bien distincte de celle que les Romains donnaient aux peuples qui ont envahi leur empire.

En somme au milieu de toutes les conquêtes de ce pays par les Romains, les Vandales, les Arabes et les Turcs, nous voyons toujours la race autochtone, les Maxyes de l'antiquité grecque, les Maziques de l'antiquité romaine, les Berbères du moyen-âge, les Chélouh' du XVIe siècle, les Chaouïa, Kabyles et Touaregs de nos jours, conserver une physionomie particulière, soit qu'on les trouve dans les massifs montagneux de l'Aurès en deux grandes fractions, celle du nord, les Madrès dont un monument qui existe encore, le fameux Médrac'en, sépulture de leurs rois, fait supposer une existence politique antérieure à l'occupation romaine ; soit qu'on étudie dans l'ouest la puissante nation des Masmouda. Chez les Madrès apparaît une grande figure historique, la reine Kahina, qui se fit tuer dans un combat après avoir battu les Arabes pendant six ans ; chez les Masmouda, un simple ouvrier, Abd-el-Moumen devient émir berbère en 1130 et fonde la dynastie des Almohades à la suite de bril-

lants combats qui lui soumettent toute l'Afrique sep-
tentrionale et une partie de l'Espagne.

Cette même race enfonce ses racines dans le Sahara
auquel elle donne les Touaregs et les Tibous dont
l'idiome est la langue berbère. « Les Touaregs et les
Tibous sont issus de la nation des Lemta dont une
partie, les Lemtouma, conquit l'Afrique et l'Espagne
sous le nom d'Almoravides : une circonstance suffirait
presqu'à elle seule pour lever tous les doutes sur leur
origine, c'est l'usage étrange qu'ils ont conservé de se
masquer le visage avec un bandeau d'étoffe de couleur
sombre, usage qui fit donner aux Lemtouma et aux
Almoravides le surnom d'hommes voilés. » (1)

Un bouclier touareg conservé à St-Thomas-d'Aquin
et reproduit en dessin dans l'une des deux intéressantes
publications de M. le docteur Reboud *(Recueil d'inscriptions lybiques 1870, idem 1875)* atteste encore la
communauté d'origine de ces peuplades avec la race
berbère; cette arme défensive porte en effet une inscription dont les caractères ont la plus complète analogie avec ceux des pierres tumulaires lybico-berbères
découvertes dans le nord de l'Algérie par les archéo-
logues; curieux spécimens dont s'est enrichi la science,
grâce surtout aux fouilles laborieuses de M. Reboud.

« Les Tibous et les Touaregs ont encore les mœurs
qu'ils avaient au moyen-âge. Ils sont, comme ils l'étaient
autrefois, les pilotes et aussi les pirates du grand désert.
Ils pillent quelquefois les caravanes, mais le plus souvent ils les guident......... Aujourd'hui les Tibous et les
Touaregs couvrent de leurs hordes une immense étendue de pays et ils sont appelés à voir leur richesse et
leur puissance s'accroître considérablement dès que le
commerce de l'Europe leur demandera de lui ouvrir
les portes de la Nigritie. »

Les Touaregs, gardiens du désert, et faisant payer
un droit de passage aux caravanes qui le traversent,
ont quelquefois recours au surnaturel (si facilement
accepté des Arabes) pour affirmer encore mieux leur
puissance; le fait suivant en est une preuve : A Géry-

_____

(1) CARETTE : *Exploration scientifique de l'Algérie.*

ville, en 1852, on apporta au bureau arabe les armes, le chapelet et la tête d'un fameux chef de bandes, le sultan Srour. Il s'était installé sur le passage des caravanes, les rançonnait ou les massacrait sans pitié quand elles refusaient de payer la rançon exigée. Une singulière réputation appuyait sa conduite : il changeait en eau, disait-on, la poudre de ses ennemis; un tel pouvoir lui donnait beau jeu vis-à-vis de ceux qu'il mettait à contribution et qui regardaient comme inutile toute résistance à ses prétentions; aussi en usait-il largement.

Un Arabe puissant des oasis, dut avec son frère, accompagner une caravane qui se rendait du côté de Tombouctou; il n'y avait pour lui d'autre chemin à prendre que celui où stationnait d'ordinaire le nègre Srour. Déjà un peu civilisé par le contact des Français, le chef arabe, moins crédule que ses compatriotes, se promit bien de repousser à coups de fusil les sommations qui pourraient lui être faites de payer un impôt quelconque. Au moment d'arriver dans les parages dangereux, il avertit sa troupe de ses intentions : « Si ma poudre est changée en eau, » leur dit-il, « nous n'aurons plus qu'à nous prosterner et à nous soumettre, mais je doute que cela nous arrive. »

Les exigences de Srour ne se firent pas attendre : un envoyé vint de sa part réclamer le prix du passage. « Va dire à ton maître que je ne le crains pas, » répondit aussitôt le chef de la caravane, « et qu'il vienne chercher lui-même la somme qu'il demande. » Irrité de cette audace sans précédent, le préposé au péage du désert ne tarde pas à accourir suivi d'une troupe nombreuse : « Vous allez tous périr ! » s'écrie-t-il, et il s'élance le premier pour massacrer la caravane.

Le chef arabe s'était préparé, avait mis Srour en joue, et ses gens attendaient avec anxiété le résultat du coup de fusil : l'amorce seule brûla; aussitôt toute la caravane tombe face contre terre, s'inclinant devant le pouvoir du nègre et attendant la mort. Srour, profitant de l'avantage que lui donnait une étrange fatalité, se répandait en imprécations contre les téméraires qui

avaient osé mettre en doute son pouvoir surnaturel;
pendant ce temps, le frère du chef de la caravane,
faisant une large part au hasard dans l'accident arrivé
à son aîné, voulut voir jusqu'où pouvait aller la puissance du magicien; il lui lâcha un coup de fusil qui
l'atteignit mortellement; on coupa la tête du nègre
Srour et le héros de l'aventure rapporta lui-même à
Géryville, où nous les avons vus, les trophées dont
nous avons parlé plus haut.

La seconde invasion arabe (1048) a vraiment
imprimé son cachet à toute cette région du nord de
l'Afrique : ce n'est plus une masse de combattants,
comme pour la première, c'est tout un peuple avec
femmes et enfants, qui s'étend sur le pays comme une
inondation. A partir de cette époque, tout ce que la
résistance des autochtones n'a pas permis aux Arabes
de soumettre par la force subit leur influence morale
et religieuse; des missionnaires s'introduisent dans les
régions rebelles à l'occupation brutale, y font souche
et conservent sur l'esprit des Kabyles une action
considérable. Dans les guerres de tribu à tribu, de
village à village, ils servent d'arbitres, d'intermédiaires;
c'est un honneur pour un Kabyle de donner sa fille en
mariage à un de ces religieux. Il y a dans la Grande
Kabylie des tribus entières composées de gens de cette
catégorie : telle est celle de Cheurfa Ir'il-Guikem (cercle
de Dra-el-Mizan) où l'on compte des villages peuplés
d'environ deux cents hommes en état de porter les
armes et tous marabouts.

Dans cette courte notice historique, nous ne parle-
rons que pour mémoire du passage en Afrique, à une
époque indécise, d'une population plus indécise encore,
quoique les traces de sa présence telles que dolmens,
menhirs, armes de silex etc., etc., portent à lui attribuer
une origine celtique. Nous mentionnerons également
l'occupation de quelques points de la côte, à partir du
onzième siècle, par les nations chrétiennes, occupation
plus ou moins temporaire et sans aucune influence sur
l'aspect général politique du pays, jusqu'à notre conquête en 1830.

La province de Constantine est divisée en territoire

civil et territoire militaire, le premier comportant le département subdivisé en six arrondissements et en communes de deux espèces : la commune de plein exercice, c'est celle qui existe en France, avec son maire et son conseil municipal; et la commune mixte, ayant à sa tête un administrateur, organisation transitoire entre l'autorité militaire et l'autorité civile.

La population actuelle peut se partager en deux grandes fractions : les Européens et les Indigènes; cette dernière comprenant les Arabes et les Israélites qui, devenus Français par un décret, ont été astreints pour la première fois en 1876, à fournir à l'armée un contingent dont nous aurons à nous occuper spécialement. Les Européens peuvent, à leur tour, être répartis en quatorze ou quinze nationalités dont les principales sont les Français, les Espagnols et Portugais, les Italiens, les Anglo-Maltais, les Autrichiens, les Allemands, les Suisses, Belges, etc.

Les recherches concernant la statistique de la population sont loin d'être faciles dans ce pays; on rencontre, même dans les documents officiels et des plus récents, jusqu'à des erreurs d'addition; un exemple : M. le professeur Vallin, dans son consciencieux et intéressant travail sur le mouvement de la population européenne en Algérie, constate dans un de ses tableaux de recensement de 1851 à 1872, et pour cette dernière époque, une erreur de 10,000 dans le chiffre des Espagnols, soit 61,000 au lieu de 71,000; il attribue avec raison cette différence à une faute typographique, car le volume mis à notre disposition et pris aux archives de la préfecture de Constantine porte bien pour cette nationalité 71,366. Nous avons pu, en faisant les mêmes recherches, relever d'autres erreurs dans le même document officiel.

Un fait tout récent indique d'autre part le peu d'exactitude apportée dans les communes à la tenue des registres relatifs à la population : des 419 inscrits désignés pour se présenter cette année devant le conseil de révision, neuf étaient morts, dont le plus âgé avait trois ans.

L'accroissement de la population européenne, malgré

de sérieuses épreuves, notamment l'épidémie de typhus de 1868, est remarquable, et nous en donnerons plus loin le chiffre à la date de 1876.

Nous avions cherché à établir une corrélation entre le nombre des conscrits de cette année et le chiffre des enfants mâles nés en 1855 : mais ce travail qui nous a donné 25 décès pour les enfants de 1 à 10 jours, 11 pour ceux de 10 jours à 1 mois, 19 de 1 à 3 mois, etc., etc. ; total : 114 décès pour 148 naissances d'enfants mâles français, ne nous a conduit à rien pour le genre de travail qui nous occupe.

Au 31 décembre 1855 la population européenne de la province était de 32,926 individus répartis en 9,558 hommes, 7,061 femmes et 16,307 enfants ; les Français comptent dans ce total pour 19,375.

Au 31 décembre 1856 les documents sont beaucoup plus complets : ils nous donnent comme population européenne 35,069 individus répartis en 9,649 ménages et divisés en 13,381 célibataires, 6,554 hommes mariés, etc., etc.; les Français y entrent pour 20,641 ; à cette époque, la population indigène est de 1,027,729 dont 640,496 Kabyles.

En 1872, le chiffre des Européens de la région qui nous occupe est de 62,561 dont 36,659 Français, celui des Israélites naturalisés de 8,779 et celui des Indigènes musulmans de 953,263 : le total du dénombrement est de 1,027,775 dont il faut déduire 3,172 de *population en bloc* (1).

Enfin en 1876, nous arrivons aux résultats statistiques suivants :

1,120,069 HABITANTS (2)

total décomposé en :

Français	46.214
Israélites naturalisés Français..	8.887
Étrangers	35.335
Indigènes musulmans	1.029.633

(1) Nous ne tenons compte que pour mémoire de cette population en bloc, comprenant le personnel des hôpitaux, des collèges, pensionnats, orphelinats, séminaires, couvents, quelquefois l'armée, comme au recensement de 1876, chiffres qui n'ont pas à entrer dans notre genre de recherches.

(2) Chiffre auquel il faut ajouter 18,405 de population en bloc.

Soit : 95,466 d'augmentation, comparativement au chiffre de 1872, et se partageant ainsi qu'il suit :

Français 9.555
Israélites naturalisés 108
Étrangers 9.433
Musulmans 76.370

Ajoutons incidemment que la mortalité qui, de 1867 à 1873, était de 54 o/o chez les Français, et de 28,78 chez les Espagnols (pour toute l'Algérie), est arrivée à 51,07 pour les premiers et 26,15 pour les seconds.

En prenant par exemple les trois époques, 1855, 1872 et 1876 pour l'examen de la population européenne par nationalité, nous voyons facilement l'augmentation ou l'accroissement de chacune d'elles.

ANNÉES.	Français.	Espagnols.	Italiens.	Anglo-Maltais.	Allemands.	Autres.
1855	19,375	1,671	3,684	4,281	2,409	1,408
1872	36,659	3,103	10,445	8,305	1,640	2,409
1877	46,214	3,495	16,678	10,165	1,344	3,653

La dernière colonne se compose de Suisses, Anglais, Portugais, Grecs, Austro-Hongrois, Belges, Hollandais, Russes, etc., etc., etc.

Le tableau ci-dessus corrobore l'assertion de M. Vallin qui a fait ressortir dans son travail l'appropriation des méridionaux au climat algérien, comparativement aux peuples du nord. Nous croyons pourtant que le choix de résidence en Algérie pourrait peut-être modifier ces chiffres proportionnels, si les immigrants choisissaient une région se rapprochant, comme climat, du pays qu'ils ont quitté pour venir en Algérie : les Suisses par exemple, s'accommoderont très bien de pays comme Souk-Ahras, Aïn-Beïda, Sétif, etc.; quoiqu'il en soit, jusqu'ici les Allemands sont en décroissance dans la colonie où prospèrent surtout les Espagnols dont le travail, particulièrement comme horticulteurs et maraîchers est si apprécié dans la province d'Oran; les Italiens et les Maltais, qui semblent se fixer de préférence dans la province de Constantine et en grande partie sur le littoral. A propos de ces derniers, pour la plupart marins, une opinion très accréditée sur la Côte attribue le chiffre relativement considérable de leur population dans les ports de l'Algérie, à une cause assez originale que nous donnons ici pour ce qu'elle vaut, sans en chercher la vraisemblance scientifique ; on croit que les principes phosphorés donnent à la chair du poisson, principale nourriture des pêcheurs, des propriétés aphrodisiaques qui entrent pour beaucoup dans l'accroissement de leur famille. A Constantine les Israélites recherchent aussi cette alimentation, quand leurs resources pécuniaires la leur permettent, dans le but parfaitement avoué par eux d'augmenter le chiffre des naissances. Pour ce qui concerne les gens du littoral, et à ce point de vue, il est né à Philippeville en 1873 447 enfants et en 1874, 480; à Sétif, dans l'intérieur du pays, les naissances aux mêmes époques sont de 149 et 148. Ces chiffres n'offrent pas une assez grande différence pour qu'on s'y arrête.

Quant à la population israélite, dont M. Vallin constate le doublement en Algérie dans l'espace de seize ans, cet accroissement extraordinaire s'explique en partie, selon nous, par le mariage qui se pratique de bonne heure chez les Juifs, par des relations sexuelles possibles et productives entre une fille de treize ans et un jeune homme de dix-neuf à vingt ans, en remarquant d'autre part que la femme israélite conserve aussi longtemps qu'une Européenne la possibilité d'être mère. On objectera peut-être à cette hypothèse, la population musulmane qui se trouvant dans les mêmes conditions physiologiques admet de plus la polygamie, et se trouve néanmoins en décroissance dans la période de 1856 à 1872, par exemple, comme nous le ferons remarquer plus loin avec les causes probables qui l'ont produite ; mais il ne faut pas oublier que le musulman s'il veut se marier doit acheter une femme ou deux ; un Kabyle, venu à Constantine où il gagne sa vie comme ouvrier maçon, nous disait il y a quelque temps, avoir payé sa compagne cinq cent cinquante francs, fruit de patientes économies ; il ajoutait même que pour ce prix il aurait pu acheter un bon cheval. De semblables entraves au mariage entre musulmans n'existent pas pour la race juive et il doit en résulter une différence dans le chiffre proportionnel des naissances ; d'autre part un mouvement d'immigration bien marqué dans les centres européens de la colonie a lieu surtout chez les Kabyles ; l'ouvrier indigène y trouve un salaire préférable aux rémunérations de son travail dans sa tribu ; mais comme il ne retourne chez lui qu'à de très longs intervalles, les conditions d'accroissement de la famille doivent s'en ressentir.

Au point de vue physique, il est impossible de ne pas constater chez les Israélites, comparativement aux Européens, une moyenne d'infériorité et par suite une inaptitude relative au service militaire ; nous pensons que les conditions hygiéniques de leur vie habituelle y sont pour beaucoup : l'exiguité de leurs logements dont l'aération est insuffisante, le grand nombre d'habitants d'un même local, le temps qu'ils y passent dans les vingt-quatre heures, les mariages entr'eux, entraînant à leur suite tous les inconvénients que leur attribuent, non à tort, certaines théories, et d'autant plus à craindre que les contractants appartiennent à un groupe de coreligionnaires relativement restreint, la pauvreté chez beaucoup et partant les privations matérielles, l'affaiblissement physique et l'anémie, toutes ces causes ne sont pas sans influence sur cette fraction de population algérienne. On verra plus loin, quand nous nous occuperons plus spécialement de conscrits de 1876, que le chiffre des exemptés ou réformés est en grande partie, toute proportion gardée, constitué par les Israélites (vingt-six exemptés ou réformés pour infirmités sur quatre-vingt huit inscrits.) Nous avons cubé nous même quelques cases juives à Constantine et en prenant pour point de comparaison une chambre d'une des casernes de la Kasbah, nous avons obtenu les chiffres suivants :

Chambre de la caserne pour 24 hommes

Longueur : 13m35. — Longueur : 6m 25. — Surface : 83m44.
Hauteur : 4m57. — Capacité cubique totale : 381m321.
Capacité cubique par homme : 15m888

Case juive habitée par 7 personnes dont 5 enfants

Largeur : 2m50. — Longueur : 4m. — Surface : 10m.
Capacité cubique : 25m. — Capacité cubique par tête : 3m571.

De plus il est bien rare de ne pas trouver à côté de cette case, dans les logements israélites, une vache ou un veau dont les excréments, ramassés pour le chauffage dans le coin d'une cour étroite et se desséchant peu à peu répandent une odeur malsaine dans l'habitation.

Outre les maladies auxquelles peuvent donner lieu de pareilles défectuosités hygiéniques, telles que l'arrêt de développement, l'anémie, les affections scrofuleuses et catharrales, particulièrement les ophthalmies, si fréquentes dans le groupe israélite de la province, on comprend combien la contagion est facile, pour la conjonctivité granuleuse par exemple qui, avec les maladies strumeuses de l'œil, fait des ravages sérieux chez les habitants de pareils milieux. Quels ne doivent pas être les désastres produits par une épidémie grave, venant s'implanter dans un semblable terrain ?

Le fait suivant en donnera un idée : en 1835 Constantine avait une population de 20,000 âmes; le choléra se montre dans la localité et enlève, un vendredi, onze cents personnes : ce chiffre de mortalité a été fourni par un indigène qui existe encore et était chargé par le bey régnant d'inscrire les décés précités.

A Philippeville et autres centres du littoral les conditions hygiéniques au milieu desquelles vit la classe pauvre de la population sont presqu'aussi défectueuses au point de vue des habitations ; les affections des yeux y sont fréquentes, quelquefois et même souvent dans la proportion d'un tiers, chez les enfants de parents même vigoureux et bien constitués.

La population indigène musulmane donne lieu à quelques considérations intéressantes : de 1,027,729 habitants en 1856, elle descend en 1872 à 953,263 différence en moins : 74,466, et se relève en 1876 au chiffre de 1,029,633.

Parmi les causes de cette diminution de l'élément musulman pour la première période, il faut rechercher la principale en 1868, année « qui, non moins peut-être que 1871 est l'année néfaste de l'Algérie. Celle-ci se relevait à peine de l'épidémie de choléra de 1867, qnand elle a été ravagée par une de ces famines dont on ne retrouve l'exemple que dans l'antiquité ou le moyen-âge. D'après les rapports officiels, 300,000 Arabes (d'autres disent le double) sont morts de faim ou de misère en quelques mois, quoique les Français aient partagé partout leur morceau de pain avec les indigènes. » (1)

Les scènes les plus navrantes et même de nombreux cas d'anthropophagie ont marqué cette sinistre époque ; un officier nous a raconté avoir surpris dans une grotte aux environs de Tebessa six Arabes accroupis autour d'un horrible *pot au feu* dont un cadavre placé à côté d'eux et à moitié dépecé avait fait tous les frais !...

L'émigration assez importante qui a suivi l'insurrection de 1871, a aussi diminué la population indigène.

Sont-ce là les seules causes, et les conditions hygiéniques n'y sont-elles pour rien ? l'insuffisance de la tente, du gourbi et du vêtement arabes comme abris contre les intempéries, le peu de soin que prennent les indigènes de leur alimentation, souvent les traces, chez beaucoup, d'un vice héréditaire, la syphilis qui, si elle se traduit en accidents moins nombreux et moins formidables qu'on l'a dit, ne laisse pas que d'avoir son importance dans cette question, toutes ces conditions viennent à l'appui de l'assertion de M. Vallin qui fait ressortir, pour 1873 le chiffre de mortalité des

(1) Vallin, ouvr. ut.

soldats indigènes 12,6 sur 1,000 comparativement aux soldats français des corps permanents d'Afrique qui donnent 9,0 sur 1,000 quoique se trouvant les uns et les autres dans les même conditions hygiéniques.

A ce propos, nous avons fait peser devant nous quatre-vingts tirailleurs indigènes et quatre-vingts zouaves (français) ayant tous moins d'un an de services; la faiblesse du chiffre sur lequel nous avons basé l'examen dont nous donnerons plus loin le résultat ne permet pas d'établir une statistique absolue; mais nous avons néanmoins été amené à des conclusions intéressantes.

De savantes recherches ont établi (Léonard et Folley) une infériorité numérique des globules du sang chez les habitants des pays chauds. Il y a trois ou quatre ans, en nous occupant de la qualité de la viande donnée à nos zouaves à Philippeville, nous sommes arrivé, avec l'intelligent concours de M. Cotton, pharmacien en chef de l'hôpital militaire, à constater que la viande de boucherie de Philippeville contient 20 % en moins de matières nutritives que celle de Paris, analysée par M. de Chevreul. Or, en raisonnant par analogie, ne peut-on pas établir une comparaison entre le *mammifère humain* d'Algérie et celui de France ?

Si des raisons puissantes, particulièrement celles qui touchent à la religion, entravent une fusion intime entre la race européenne et la race musulmane d'Algérie, du moins pouvons-nous, avec le temps, en faisant participer de plus en plus les Arabes aux bénéfices de notre civilisation, les placer dans des conditions d'hygiène et de bien être matériel suffisantes pour faire prospérer cette race intelligente et vigoureuse.

Les recensements de 1872 et 1876 ne donnent pas la division des indigènes en Kabyles et Arabes ; nous aurions pu y trouver la part d'accroissement et de décroissement de ces deux races depuis 1856. En 1841-42-43 (CARETTE : *Exploration scientifique.)* la province de Constantine possède 788,060 Berbères pour 505,750 Arabes. En 1856 le chiffre des Berbères ou Kabyles est de 640,496 pour 387,233 Arabes : 147,570 en

moins pour les Berbères et 118,517 en moins pour les
Arabes dans cette période de quatorze ou quinze années. Il serait intéressant de connaître le chiffre relatif
des pertes des deux fractions indigènes au moment de
la famine ; on s'accorde généralement à dire que les
Kabyles ont moins souffert du fléau, ayant eu à leur
disposition certains produits de leurs montagnes, tels
que l'huile d'olive, les fruits, le miel, etc., etc. Sont-ils
dans de meilleures conditions hygiéniques ? nous le
pensons ; leurs habitations sont plus confortables et
leur bien-être relativement plus grand : la configuration du sol, les régions élevées qu'ils habitent leur
donnent plus de chances d'éviter les atteintes de l'in-
fection paludéenne et les nombreux ruisseaux qui des-
cendent de leurs montagnes, entraînent dans leur
cours rapide les émanations morbides qui peuvent s'y
produire.

En somme la population musulmane, chez laquelle
le recensement fait il y a quatre ans constatait une diminution de 74,466 depuis 1856, accuse en 1876 une
augmentation de 76,370.

—⁓⌇⁓—

Itinéraire et séances du conseil de révision. Les séances du conseil de révision ont eu lieu successivement à Sétif, Bordj-bou-Arreridj, Bougie, Dji-
djelli, Philippeville, Bône, Souk-Ahras, Jemmapes,
Batna, Aïn-Beïda et Constantine. Ce trajet de 1,554
kilomètres s'est effectué en vingt-trois jours, avec une
rapidité nécessitée par les exigences de l'itinéraire
tracé, mais à laquelle l'insuffisance des moyens de locomotion a failli s'opposer en plus d'une circonstance.

Nous allons passer successivement en revue les résultats du recrutement de ces diverses localités, en
donnant un aperçu de ce que nos centres d'opérations
peuvent présenter d'intéressant à divers point de vue.

SÉTIF

Le 12 mai a lieu la visite des conscrits de Setif, Saint-Arnaud, El-Ouricia, Bouhira, Aïn-Abessa, Eulmas, Sétif indigène, Takitount, M'sila : l'opération donne les chiffres suivants :

Inscrits.	Admis bons présents.	Admis bons absents.	Service auxiliaire.	Ajournés à un an.	Dispensés.	Exemptés pour infirmités.
42	19	15	»	1	2	5

Sétif est située par 3º 6' de longitude Est et 36º 12' de latitude Nord, à 127 kilomètres de Constantine, sur la route d'Alger. Son altitude est de 1,096 mètres. Cette commune possède 9,257 habitants dont 2,088 Français, 772 Israélites, 5,397 Musulmans et 100 Étrangers. Son climat est un des plus salubres de l'Algérie, et, de même que celui de Batna, Souk-Ahras et autres, se rapproche beaucoup de celui de l'Est de la France; son sol d'une grande fertilité, produit spécialement des céréales qui sont l'objet d'un commerce considérable. Sa position géographique donne une importance exceptionnelle à son marché de grains, de moutons, mulets et chevaux; l'espèce chevaline de cette région jouit d'une réputation justement méritée.

L'origine de Sétif, l'ancienne Sitifis, est inconnue; les Romains en firent une capitale de province en 297. Elle existait encore au moyen âge et fut probablement détruite par les Turcs. Cette position importante au point de vue commercial, agricole et politique fut bien vite un poste militaire français; elle devint en 1839 un chef-lieu de subdivision et enfin une véritable ville qui possède actuellement une sous-préfecture.

BORDJ-BOU-ARRERIDJ

Les 65 kilomètres qui séparent cette localité de Sétif se font en diligence et assez rapidement.

La circonscription ne fournit que 5 appelés dont l'examen donne les résultats ci-dessous :

INSCRITS.	ADMIS BONS présents.	EXEMPTÉ pour infirmité
5	4	1

Cette ville située par 2°22' longitude Est, 36°2' latitude Nord, se trouve à une altitude de 915 mètres. Son existence comme poste militaire et politique date de 1841, époque à laquelle fut construit le fort actuel avec les matériaux fournis par les anciennes ruines. Bordj peut enregistrer dans ses annales sa brillante défense contre les indigènes soulevés par le fameux Mokrani, bach-agha de la Medjana, au moment de l'insurrection de 1871. Après la prise et l'incendie de la ville par les insurgés, toute la population se réfugia dans le fort que les Arabes essayèrent plusieurs fois d'enlever par escalade ou de faire sauter par des travaux de mine.

BOUGIE

De Bordj à Bougie, notre plus prochain objectif, il n'y a qu'un chemin muletier, impraticable dans les conditions où nous nous trouvons : il faut donc revenir à Sétif et prendre une voiture qui nous conduit directement à destination par une voie plus facile. Cette route de 120 kilomètres, non encore terminée complétement, est une des plus pittoresques de l'Algérie. Tracée jusqu'au Chabet dans le flanc d'une montagne ou d'une série de montagnes, à 50 ou 60 mètres au-dessus de la vallée, le peu de développement de ses courbes et l'allure vive du véhicule qui transporte le voyageur ne laissent pas que de surprendre un peu ceux qui font ce trajet. En route nous passons près de Takitount, poste militaire où se trouve une centaine d'Européens et qui possède, non loin de ses remparts, une source d'eau ferrugineuse et gazeuse dont les qualités justement appréciées en ont fait une branche de commerce pour Sétif, Bougie et Constantine.

Avant de déboucher dans la plaine qui sépare la mer du massif montagneux appelé Djebel-Guergour, nous nous engageons dans les gorges du fameux Chabet-el-Akra, une des beautés sauvages de notre colonie, en face de laquelle le voyageur émerveillé ne sait ce qu'il a le plus à admirer du cachet étrange du site ou de la hardiesse du travail humain qui a taillé en pleine roche une route que les touristes se gardent bien d'oublier dans leur itinéraire.

Bougie située par 2°45' de longitude Est et 36°45' de latitude Nord est bâtie au fond d'une rade de 28 milles d'ouverture; son port est sûr et son mouillage bon en tout temps.

La disposition en amphithéâtre de ses maisons bien bâties et pour la plupart ombragées, donne à cette ville un aspect des plus agréables. Malheureusement le mont Gouraïa, d'une hauteur de près de 700 mètres, prive Bougie de l'action directe de la brise de mer et la place dans des conditions de température défectueuses relativement à d'autres villes du littoral.

La population, y compris la banlieue est de 4,185, dont 1,145 Français, 410 Israélites naturalisés, 1,913 Musulmans et 717 Etrangers.

Bougie, Bedjaïa, d'origine carthaginoise est passée successivement, non sans de nombreuses et violentes secousses politiques, entre les mains de quinze ou seize maîtres de nationalité différente avant de devenir française le 29 septembre 1833.

Les conscrits de cette région ont été fournis par Bougie mixte, Bougie indigène, Akbou mixte et Akbou indigène.

INSCRITS.	Admis bons présents.	Admis bons absents.	Dispensés.	Exemptés pour infirmités.
8	2	1	1	4

DJIDJELLI

Aussitôt après sa séance de révision à Bougie le conseil s'embarque pour Djidjelli où il arrive à six heures du soir par une mer assez grosse pour faire craindre un instant l'impossibilité de débarquer ou de réembarquer et, par conséquent, l'inexécution du programme qui nous est tracé, puisque nous devons repartir à huit heures du soir pour Philippeville et que le courrier qui fait la côte ne peut pas, par les gros temps, s'arrêter à Djidjelli, un des ports les moins sûrs du littoral.

Les conscrits que nous avons à examiner sont de Djidjelli (plein exercice) Djidjelli (indigène) Duquesne (mixte); population de Djidjelli : 3,952 habitants, dont 576 Français, 5 Israélites, 3,066 Musulmans, 305 Etrangers.

INSCRITS.	ADMIS bons présents	ADMIS bons absents.	EXEMPTÉS pour infirmités.
14	7	5	2

Un des conscrits, exempté pour faiblesse générale de constitution, présentait, avec une taille de 1m20 au plus, un ensemble physique tellement défectueux que l'on aurait douté de son âge s'il n'eût été pourvu d'organes génitaux volumineux, seule région où la virilité semblait s'être réfugiée ; la notoriété publique, du reste, nous a fait connaître que des goûts génésiques accentués n'étaient pas étrangers au développement anormal des parties sexuelles de ce conscrit, d'une intelligence très-bornée, mais ne présentant pas néanmoins les signes physiques habituels du crétinisme.

PHILIPPEVILLE

Sur la côte, à 84 kilomètres de Constantine, (4° 35' de longitude orientale et 36° 53' de latitude nord), au fond d'un golfe de 34 milles de largeur sur 13 de profondeur, Philippeville est construit sur les ruines de l'ancienne Russicada, ville importante à l'époque de l'occupation romaine. Les traces d'un théâtre et d'un cirque, de nombreuses statues dont plusieurs remarquablement conservées, des épitaphes, des sarcophages, des citernes spacieuses qui reçoivent encore actuellement une partie de l'eau destinée à l'alimentation de la ville, tout indique l'importance de l'ancienne cité, dont l'histoire brillante encore au troisième siècle disparaît au sixième, époque présumée de sa destruction.

La ville moderne date du jour où le maréchal Vallée y campa à l'époque de la seconde expédition de Constantine (1838). Dès 1839, il y avait déjà à Philippeville près de 800 Européens, 5,463 en 1840 et 13,736 en 1876. Les maltais figurent à ce total dans une proportion considérable. Ces individus presque tous pêcheurs, recherchent les villes du littoral, et à Stora, qui tout récemment était encore le port de Phillippeville, ils forment les 4/5e de la population. Deux rivières dont l'une le Saf-Saf, après avoir reçu le Zéramna comme affluent, va se jeter dans la mer à une forte distance de Philippeville ne sont pas sans influence sur la santé publique. Il arrive en effet qu'au moment des pluies considérables de l'hiver ces cours d'eau grossissent rapidement ; si, à ce moment la mer est forte, ce qui se produit souvent, les eaux du Saf-Saf sont refoulées par celles de la Méditerranée ; il en résulte le débordement des deux rivières, quelquefois à une hauteur inquiétante ; toute cette eau ne se retire pas, une partie reste dans les bas-fonds, y forme des marécages qui engendrent plus tard des fièvres, surtout au moment des chaleurs. Néanmoins Philippeville se trouve dans de bonnes conditions hygiéniques, dues à la ventilation dont elle jouit. Le port presque achevé et formé par une jetée d'un grand développement, peut recevoir les bâtiments du plus fort tonnage.

Une des précieuses ressources de la localité est l'abon-dance de ses ressources maraîchères ; ses artichauts, petits pois, etc., sont envoyés comme primeurs en France dès le mois de janvier : les oranges mandarines y sont aussi l'objet d'un grand commerce avec la métropole. Depuis quelque temps, la spéculation intelligente d'envoyer à Marseille du poisson de mer conservé dans la glace a pleinement répondu aux espérances de l'innovateur.

Une grande partie des environs de Philippeville est plantée de vignes d'un excellent rapport, et chaque année des terrains incultes sont débarrassés de leurs broussailles à cet effet.

L'examen par le conseil de révision des conscrits de Philippeville, Collo, Stora, Saint-Charles, Gastonville, Robertville, El-Arrouch, El-Kantour, donne les résultats suivants :

INSCRITS.	Admis bons présents.	Admis bons absents.	Service auxiliaire.	Dispensés	exemptés pour infirmités.
50	30	4	1	4	11

BONE

Cette ville se trouve sur le littoral, à 84 kilomètres par mer de Philippeville, et au fond d'une baie de

vingt et un milles d'ouverture ; par 5º 26' de longitude
est et 36º 58' latitude nord.

L'ancienne Hippone, illustrée par saint Augustin
(396) doit son origine aux Carthaginois. Elle eut à
subir, comme tant d'autres villes de la province, Constantine, Bougie, Djidjelli, Philippeville, les atteintes de
nombreux envahisseurs ; détruite par les Vandales en
419, par les Arabes qui la reconstruisirent plus tard
un peu à côté du premier emplacement, passant successivement aux mains des Espagnols, des Turcs, Bône
devint définitivement française en 1832.

Cette localité est une des plus jolies de l'Algérie ;
son sol assaini par la culture et une canalisation prati-
quée sur une vaste échelle, s'est considérablement
amendé au point de vue hygiénique. Les environs ont
été longtemps fort meurtriers pour nos troupes, et les
fièvres de Bône ont acquis une triste célébrité dans nos
annales médicales ; redoutables affections dont un
illustre maître, M. l'Inspecteur Maillot a retracé si
consciencieusement et avec tant d'autorité les terribles
phases et les combats qu'il leur a livrés, établissant le
premier les bases d'une thérapeutique qui a conservé
tant d'enfants à leur famille et à l'armée d'Afrique des
milliers de soldats. Son vœu s'est en grande partie réa-
lisé pour Bône, une des régions auxquelles il pensait
probablement lorsqu'il disait en 1836 (Traité des fièvres
intermittentes) : « Les générations qui entreprendront
le dessèchement des marais ne mèneront à bien cette
noble et importante opération qu'avec de grandes dé-
penses d'hommes et d'argent, mais elles rendront à l'industrie des terrains immenses ; mais elles donneront
des populations serrées, mâles et vigoureuses à ces pays
où on ne voit que des habitants clair-semés, débiles et
arrachant avec peine à un sol ingrat les moyens de
prolonger de quelques jours leur chétive existence. »

Il existe encore actuellement dans cette région,
pourtant bien assainie depuis l'époque où M. Maillot
écrivait ces lignes, quelques causes sérieuses d'in-
toxication palustre ; et d'abord le séjour d'Aïn-
Mokta, localité malsaine pour les détachements char-
gés de la surveillance et les condamnés qui tra-

vaillent aux mines ; les travaux de terrassement nécessités par la construction du chemin defer de Bône à Guelma, la dérivation de la rivière Boudjima, travail qui se fait pour ainsi dire à la porte de la ville et entraîne le déplacement de terrains bas et marécageux. De plus, le champ de manœuvres, dont le niveau est inférieur (dit-on) à celui de la mer est aussi un foyer d'exhalaisons malsaines, surtout après les pluies considérables qui y laissent des collections d'eau stagnante.

L'exposition de cette ville relativement à l'action bienfaisante de la brise du nord la rapproche assez des conditions défavorables où se trouve Bougie ; néanmoins sa température moyenne (plus élevée que celle de Philippeville) est inférieure.

Bône avec sa banlieue possède une population de 23,186 habitants dont 6,037 Français, 666 Israélites, 6,487 Musulmans, 9,996 étrangers. Nous y visitons les conscrits de Bône, Herbillon, Bugeaud, Duzerville, Aïn-Mokra, La Calle, Mondovi, Randon, Barral, Penthièvre et Nechmeya.

INSCRITS.	Admis bons présents.	Admis bons absents.	Service auxiliaire.	Dispensés	exemptés pour infirmités.
76	34	26	1	5	10

Là encore nous avons eu à déclarer impropre au service militaire un israélite tellement chétif et impubère que le conseil, ne pouvant croire qu'il eût vingt ans, fit venir son père à peu près aussi mal constitué que le fils et de la même taille : 1m30 à 1m35 environ ; la pensée que ce conscrit peut à la longue se développer juste assez pour se reproduire à son tour, et avec un aussi triste résultat, ferait désirer que la loi intervînt dans de semblables filiations.

SOUK-AHRAS

Résultat des opérations du conseil de révision :

INSCRITS.	Admis bons présents.	Admis bons absents.	Service auxiliaire.	Exemptés pour infirmités.
16	10	1	1	4

Cette localité se trouve à 101 kilomètres de Bône et 28 à 30 de la frontière tunisienne ; son altitude est de 695 mètres, sa longitude Est de 5°37', sa latitude Nord de 36°16'. Elle n'était en 1852 qu'un simple caravansérail gardé par un poste de vingt hommes ; plus tard viennent s'y joindre quelques colons, des marchands tunisiens, etc ; ce petit groupe s'augmenta au point de donner en 1856 une population de 800 âmes. Souk-Ahras est maintenant commune de plein exercice, avec un chiffre de 3,065 habitants dont 842 Français.

La ville est bâtie sur l'emplacement de Thagaste, lieu de naissance de saint Augustin.

La contrée, fort belle comme paysage, doit à son altitude une grande salubrité. Les conscrits que nous y avons vus sont vigoureux ; sur 16 inscrits et 15 examinés, tous, même les quatre exemptés pour infirmités ou accidents ayant pour résultat l'inaptitude au service militaire ont une constitution forte ou très forte.

Souk-Ahras a un marché considérable de chevaux, bœufs, moutons, miel, huile, dattes, goudrons, savon, tapis tunisiens, frèchias, nattes, cordes, burnous, etc. Ses forêts de haute futaie sont remarquables. Le sol de la région produit du fer, du cuivre, du plomb et du manganèse ; à 12 kilomètres au nord-ouest de Souk-Ahras se trouve une source thermale très sulfureuse dont la température est de 42°. Près de *La Verdure*, village situé entre Duvivier et Souk-Ahras, nous avons rencontré une source d'eau gazeuse (Aïn-Segno) ayant

beaucoup d'analogie avec l'eau de Seltz, et à quelques
cents mètres plus loin une autre source très riche en
éléments ferrugineux.

Une des cultures de cette région qui promet les
meilleurs et les plus rapides résultats, est celle de la
vigne qui chaque année empiète sur la friche et prend
un développement plus grand : en 1867 il y avait déjà
40 hectares de vignobles. Souk-Ahras a du reste cela
de commun avec beaucoup de localités de l'Algérie :
déjà en 1849, à Mascara, dans la province d'Oran, le
vin récolté en quantité considérable aux environs de la
ville jouissait d'une certaine réputation. Cette culture
a pris de grandes proportions dans la colonie, pour
laquelle elle est déjà une source importante de revenus.

Il est à remarquer que partout où le vin d'Algérie
est récolté, il a un goût de terroir particulier, commun
aux produits des trois provinces ; pourtant l'importation
de plants venus] de clos estimés de France peut modifier ce goût, ainsi que nous l'avons vu à la propriété
de Mareuil, près de Philippeville, dont le fondateur,
après avoir planté différentes espèces de Champagne,
a obtenu un vin différent peu du produit de France,
et dont les échantillons ont mérité tout récemmentune
médaille d'or au dernier concours régional.

En général pour ce qui concerne du moins les vins
de la province de Constantine, on s'accorde a reconnaître que dans le début, on a mal choisi les plants,
très fins il est vrai, tels que Bordeaux, Bourgogne et
qui ont donné du bon vin ordinaire, mais ni du Bourgogne, ni du Bordeaux de France ; le sol semblerait
ne pas se prêter a ces résultats désirés. Peut-être au-
rait-on mieux fait de généraliser dès le principe le
raisin indigène, très riche en sucre ; certain raisin
Kabyle arrive au glucomètre à 15º, tandis que le raisin
de provenance française venu en Algérie marque de
9 à 12º ; il faut en excepter le muscat qui donne aussi
15º mais qui en France atteint même 24 et 25º. Le
vin blanc d'Algérie est celui qui sera probablement
appelé a devenir un vrai cru, grâce surtout au muscat
assez répandu dans les vignes.

Ce produit de la Colonie, rouge ou blanc, peut se

conserver et supporter de longs voyages, mais à la condition d'être bien fait et plâtré légèrement. Souvent le vin est défectueux parcequ'on vend le bon raisin au marché et qu'on pressure le moisi.

Les plants du midi de la France tels que ceux de l'Hérault, du Gard, du Var, s'acclimatent mieux en Algérie que les autres (la même remarque a été faite pour l'homme); 1 kilog. 200 gr. de raisin algérien venant de provenance méridionale française donneront un litre de vin, tandis qu'il faut 3 kilog. de ce raisin, mais de provenance bourguignonne, par exemple, pour donner la même quantité de liquide. Les plants d'Espagne et de Portugal réussissent également bien dans la colonie et leurs produits sont appelés à rivaliser avec ceux des contrées dont ils sont originaires.

Les arabes ne plantent pas de vignes ; ils ont néanmoins une certaine tendance a donner de l'extension à la culture du raisin et en vendent aux juifs une certaine variété, l'*Hassroum*, fruit très sucré comparable à notre *Pinot* de France; chose singulière : la religion défend au musulman de le manger, et pour le même motif, c'est le seul raisin avec lequel l'israélite puisse faire du vin ! Il y a à Constantine une fabrique très importante de ce produit qui est très capiteux et se rapproche beaucoup du vin d'Espagne. (1)

GUELMA

La route de Bône à Souk-Ahras est desservie par une voiture publique dont nous ne pouvions pas profiter en raison de la route à suivre au retour ; nous avons été obligés de prendre des voitures particulières, sans nous douter des épreuves auxquelles ce moyen de locomotion allait nous soumettre. De Bône à Souk-Ahras, à part quelques retards dûs à la rétivité de deux chevaux (sur quatre), notre voyage s'était heureusement effectué;

(1) Nous devons à l'obligeance de M. le Secrétaire de la Société d'Agriculture de Constantine, une grande partie des renseignements sur les ressources viticoles de la province.

au retour, les cochers essaient mais en vain de communiquer à un attelage indocile une activité et une énergie que vraisemblement ils avaient eux-mêmes puisées dans un déjeuner plus que substantiel. Ces allures fort irrégulières sur une route bordée de ravins profonds, n'avaient rien de récréatif, surtout pour des gens pressés par leur programme. À quelque distance de Duvivier, point où nous avons dû quitter la route de Bône pour nous engager dans un mauvais chemin à ornières profondes, décoré sur toutes les cartes du nom de route, l'une de nos voitures ne tarda pas à se briser et à verser, nous forçant à faire ainsi près de vingt kilomètres à pied pour arriver à 11 heures du soir par une pluie battante à Guelma, après une série d'incidents désagréables dont nous ne parlons ici que pour faire ressortir les défectuosités de l'itinéraire qui nous forçait à suivre cette voie et que le chemin de fer de Bône à Guelma, inauguré tout récemment, évitera désormais à ceux qui seront appelés à remplir après nous la même mission.

Les conscrits de Guelma et banlieue, Guelàat-bou-Sbà, Héliopolis, Millésimo, Petit et Clauzel se partagent de la manière suivante :

INSCRITS	Admis bons présents	Admis bons absents	Dispensés	EXEMPTÉS pour infirmités
25	20	1	1	3

Plusieurs de ces hommes, quoique largement développés et de grande taille (six ont de 1^m73 à 1^m76) ont un teint cachectique paludéen plus ou moins prononcé.

Guelma (Calama des Romains), où l'on retrouve encore les ruines assez bien conservées d'un cirque, fut longtemps entretenue, après sa destruction par un tremblement de terre, à l'état d'enceinte fortifiée contre les invasions vandales ou arabes. Sa première occupation par nos troupes date de 1836.

Cette localité, chef-lieu de sous-préfecture, possède une population de 5,233 habitants, dont 1,149 Français, 344 Israélites, 2,194 Musulmans, 1,546 étrangers; elle se trouve à 89 kilomètres de Constantine, par 50º 4' 40" de longitude Est et 36º 27' 40" de latitude Nord; son altitude est de 279 mètres.

Le voisinage de la Seybouse, dont la rive gauche est marécageuse semblerait rendre cette région un peu insalubre; en revanche la végétation et les cultures y sont fort belles. A 16 kilomètres au nord-ouest de Guelma se trouve l'établissement thermal d'Hammam-Meskoutine dans un site des plus remarquables. Ses eaux sulfureuses atteignent jusqu'à 90º de chaleur, limite supérieure à celle des eaux de toutes les stations thermales connues; l'une des sources est ferrugineuse.

Nous envoyons à Hammam-Meskoutine ceux de nos soldats, qui en France, seraient dirigés sur Baréges ou Bourbonne. La vertu curative de ces eaux atteint, au dire de quelques personnes, le résultat de 82 º/o; nous n'avons pas été à même de cónstater cette moyenne séduisante; quoiqu'il en soit nous donnons ici la nomenclature des affections qui peuvent y être traitées avec le plus de chances de succès: « engorgements des viscères abdominaux, hydropisies passives, quelque soit leur siége; les rhumatismes chroniques musculaires sans endocartide grave, les accidents variés qui suivent les anciennes blessures, mais surtout les lésions du mouvement et du sentiment, les ulcères invétérés, les affections fixes et profondes de la peau, lorsqu'il ne reste aucune trace d'inflammation. » (GRELLOIS. — Esquisse sur la topographie médicale d'Hammam-Meskoutine, *Mém. de Méd. milit.* tome 60). Le Conseil de santé des armées a adopté avec de très légères modifications, cette classification de M. Grellois.

Une particularité à noter, c'est la présence dans toutes ces sources de carbonate de chaux qui en se déposant forme des cônes dont l'un a atteint la hauteur de 11 à 12 mètres.

JEMMAPES

Pour se rendre de Guelma à Jemmapes le conseil de révision n'ayant pas de moyens de transport a été obligé de faire atteler à un très médiocre véhicule trouvé non sans peine, des mulets du train des équipages militaires mis à sa disposition, vu l'urgence, par une dépêche télégraphique du Général commandant la division.

Jemmapes (longitude Est 4° 46', latitude Nord 36° 42' 42"), date de 1848, a été en 1852 une colonie pénitentiaire et a végété assez longtemps avec une population très-faible.

Elle compte maintenant, y compris ses deux annexes 1,940 habitants dont 738 Français, 69 Israélites 805 musulmans, 328 étrangers. Son commerce de bestiaux, chevaux, volailles, céréales, laines, goudron, tabacs en fait une station de marché importante.

Jemmapes, Ahmed-ben-Ali, Sidi-Nassar, Castu et Enchir-Saïd fournissent les conscrits qui sont examinés dans la première de ces localités.

INSCRITS	Admis bons présents	Admis bons absents	Dispensés	EXEMPTÉS pour infirmités
9	6	1	1	1

BATNA

Le 27 mai le conseil de révision rentre à Constantine par le chemin de fer. Un service de diligence bien organisé fait le service de Constantine à Batna où les opérations du recrutement ont lieu le 28 pour les conscrits de Batna, Fesdhis, El-Madher, Biskra mixte, Lambèse et Barika.

INSCRITS	Admis bons présents	Admis bons absents	Dispensés	EXEMPTÉS pour infirmités
25	12	3	4	6

Batna est à 120 kilomètres de Constantine; son altitude est de 1,080 mètres ; longitude Est 3º 50', latitude Nord 35º 26' ; population : 4,130 habitants, dont 1,423 Français, 321 Israélites, 1,874 Musulmans, 512 étrangers. Cette ville fut d'abord un camp de 1844 à 1848 et devint une commune de plein exercice en 1860. Quelques ruines de peu d'importance semblent indiquer que les Romains y avaient un centre de population dont l'histoire n'a pas conservé le nom. Les environs de Batna possèdent de belles forêts de cèdres.

Non loin de cette ville, à 11 kilomètres, se trouve la commune de Lambèse intéressante à plus d'un titre. D'abord elle possède une maison Centrale, établissement installé sur le modèle adopté en France; de plus elle est un but de pèlerinage pour les touristes qui y retrouvent facilement au milieu d'innombrables débris les aqueducs, arcs de triomphe, thermes, statues et inscriptions indiquant son origine romaine. L'étendue de la ville, qui possédait dit-on 50,000 habitants au moment de sa destruction au vie siècle, se retrouve parfaitement dans ses ruines sur un espace de dix kilomètres. On remarque surtout à Lambèse le Pretorium, encore debout, où l'on a entassé des débris de toute sorte parmi lesquels les *phalli impudici* ne tiennent pas la moindre place. On voit aussi dans un jardin appartenant au pénitencier une large et magnifique mosaïque représentant les quatre saisons.

Outre ces traces de l'occupation latine, se rencontrent encore précisément dans cette région et chez quelques tribus certaines locutions, certaines coutumes qui remontent à la domination romaine. D'après des renseignements qui m'ont été communiqués par M. Philippe, Interprète militaire, dans la vallée de l'Oued-

Abdi les souvenirs du christianisme reparaisssent dans une coutume ou cérémonie que les Indigènes ont désignée sous le nom de Bou-Nini ou Bou-Ini (petit enfant) ; elle se célèbre le 1er janvier de l'année syriaque en mémoire probablement de la Circoncision. La version suivante ayant trait au même sujet, est donnée par M. Masquerey : « chez les gens de Menâa, de Nâra et de l'Oued-Abdi (Roumânïa), le fait le plus frappant est la célébration de fêtes véritablement romaines ou chrétiennes que nous pourrions nommer : Noël, le jour de l'an, les rogations, les fêtes de l'automne, les vendanges..... notre fête de Noël, porte le nom de Bou-Ini chez les Chawia Roumânïa..... elle se célèbre à Menda..... notre jour de l'an se nomme dans toute cette région Innâar (janvier). » *(Bulletin de la Société de géographie,* juillet 1876).

D'autre part nous avons entendu au bureau arabe de Constantine un employé indigène compter les mois de l'année comme le font les habitants de l'Aurès, des oasis des Zibans, etc., et de la manière suivante :

Innâar (Janvier), Fourar (Février), Marrès (Mars), Ibril (Avril,) Mayou (Mai), Yunia (Juin), Youlia (Juillet), R'echt (Août), Chettember (Septembre), Octouber (Octobre), Nouember (Novembre), Doudjamber (Décembre).

AIN-BEIDA

De retour à Constantine, le 30 mai, le conseil de révision part pour Aïn-Beïda le 31 et opère le 1er juin pour les jeunes gens du contingent fourni par Aïn-Beïda (plein exercice), Aïn-Beïda (territoire militaire), Meskiana, Tebessa (mixte), Tebessa (militaire) et Khenchela.

INSCRITS.	ADMIS BONS présents.
6	6

Trois de ces conscrits sont d'une constitution forte et trois de constitution très forte : leur taille varie de 1m63 à 1m78.

Aïn-Beïda doit à son altitude de 800 mètres et à son éloignement de tout marécage d'excellentes conditions de salubrité. Elle est à 118 kilomètres de Constantine par 5º2'45" de longitude Est et 35º48' de latitude Nord ; sa population est de 2,445 dont 340 Français, 533 Israélites, 1,414 Musulmans et 158 étrangers. Il s'y fait un commerce assez considérable de chevaux, bestiaux, sangsues, dattes, céréales, sel, etc.

CONSTANTINE

Les 137 conscrits de cette région ont été fournis par Constantine, ville et banlieue, le Hamma, Aïn-Kerma, Beni-Ziad, Khroub, Oued-Atmenia, Oued-Dekri, Bled-Yousef, Oulad-Rahmoun, Oued-Zenati, Enchir-Saïd, Bizot, Smendou, Ain-Smara, Oued-Seguin et El-Miliah ; leur examen a donné les résultats suivants :

Inscrits.	Admis bons présents.	Admis bons absents.	Service auxiliaire.	Ajournés à un an.	Dispensés.	Exemptés pour infirmités.
143	97	11	3	2	16	11

Constantine, chef lieu du Département et de la Division militaire, a une altitude de 664 mètres ; longitude Est : 4º16'36", latitude Nord : 36º22'21". Sa distance de Philippeville, son port le plus voisin, est de 84 kilomètres.

L'origine de Cirta, qui remonte aux temps les plus reculés, est attribuée à un aventurier grec : il est à présumer qu'aussitôt que les habitants de cette partie de l'Afrique se sont fait la guerre, l'étrange rocher sur lequel se trouve Constantine a dû être choisi comme point stratégique ; cette espèce d'îlot, ne tenant aux environs que par une mince langue de terre agrandie aujourd'hui et transformée en squares élégants, a été longtemps à l'abri de toute attaque de vive force en raison de sa position exceptionnelle.

Rien de curieux à examiner comme ce résultat de grands bouleversements géologiques : fossé naturel qui isole Constantine du nord-ouest au sud-est, d'une largeur de plus de trente mètres à sa partie la plus étroite, d'une profondeur de 119 mètres au pont d'El-Kantara, et de 223 mètres à la hauteur de la Kasbah, point culminant de la ville. Au fond de cette étonnante excavation coule le Rummel qui disparaît deux fois sous des ponts naturels, se précipite par trois cascades successives d'une hauteur totale de 67 mètres et après avoir arrosé une grande étendue de terrain va se jeter dans la mer, entre Collo et Djidjelli, sous le nom d'Oued-el-Kebir.

Suivant les personnes compétentes, le ravin de Constantine ne serait point le reste d'une immense *faille* où les eaux se seraient frayé et élargi un passage ; l'examen attentif des couches rocheuses qui forment les deux parois de cette partie du lit du Rummel, couches qui se correspondent exactement, fait croire à l'écartement brusque de ces roches par suite d'un soulèvement ou d'une pression souterraine venant du centre à la périphérie.

Constantine a eu une existence politique des plus tourmentées ; elle appartient aux Numides vers 230 avant Jésus-Christ, est occupée successivement par les Carthaginois et les Romains, détruite par un général de Maxence 304 après Jésus-Christ, rebâtie par Constantin qui lui donne son nom, appartient aux Vandales, aux Arabes, à la dynastie berbère sous laquelle elle prend une assez grande importance, tantôt l'objet de la convoitise d'envahisseurs, tantôt le théâtre de la lutte sanglante des pouvoirs dans la ville même, passant des Tunisiens aux Turcs, des Turcs aux Tunisiens, jusqu'au moment où elle devient un Beylick en

1640. Depuis cette époque jusqu'en 1837, date de notre occupation, on se souvient de vingt beys de cette
localité, dont quatre seulement sont morts tranquille-
ment sur le trône ; les seize autres ont été tués ou
chassés ; un des plus saillants est Salah-Bey dont
une superbe mosquée porte le nom ; son tombeau,
objet de la vénération et but de pèlerinage des Musulmans, se trouve à une petite distance sur la route de
Milah. Salah-Bey régna vingt-cinq ans et se fit remarquer par son habile administration.

Constantine ville et banlieue a 34,726 habitants
dont 8,742 Français, 4,925 Israélites, 17,478 Musulmans, 3,581 étrangers ; dans ce chiffre de population
nous avons relevé 104 hommes et 151 femmes de 80
à 85 ans ; 33 hommes et 59 femmes de 85 à 90 ; 22
hommes et 37 femmes de 90 à 95 ; 11 hommes et 13
femmes de 95 à 100, et enfin 10 hommes et 15 femmes centenaires.

Le commerce du chef lieu de la province est considérable, particulièrement en céréales ; en 1875, la
halle aux grains a reçu 356,465 hectolitres de blé sur
lesquels la ville a perçu 213,876 francs de droits et
203,187 hectolitres d'orge rapportant à la caisse muni-
cipale 81,275 fr. 04 cent. A ce propos l'exposé de la
situation générale de l'Algérie dans la session du Conseil supérieur du gouvernement (1876) accuse un accroissement dans la surface cultivée de 216,630 hectares dont le rendement converti en argent représente
environ 70 millions de francs, augmentation provenant
surtout de la mise en valeur de terres concédées aux
immigrants et aux familles algériennes.

L'industrie, en grande partie dans les mains des indigènes musulmans ou israélites, de la maroquinerie, de
la fabrication des bijoux d'or et d'argent, de la sellerie
arabe, de l'ornementation des armes de luxe n'est pas
une des choses les moins intéressantes à étudier à Constantine où l'on peut voir, installé dans un espace de
deux mètres carrés, soit un atelier de chaussures, soit
un bijoutier indigène, voire même un forgeron, fabri-
cant d'étriers ou de mors arabes.

Le climat de Constantine est salubre ; la fièvre périodique est fort rare dans la ville ; mais au bas même du rocher se trouve un endroit fort malsain, le Bardo, où sont logés le train des équipages et une fraction d'artillerie. Cette troupe est obligée d'évacuer son casernement chaque été pour aller camper sur la hauteur voisine. Le Bardo est un foyer d'émanations des plus funestes à la santé de nos troupes ; c'est une espèce de cul-de-sac, ouvert au sud-sud-ouest, sans possibilité d'aération suffisante, au bord du Rummel dont le niveau est rarement constant, et à côté de l'abattoir. Là aussi se condensent ces vapeurs malsaines dont a parlé M. Pauly et que nous y avons vues pour notre compte bien souvent.

Au pied du rocher de Constantine, mais dans une direction opposée au Bardo, au nord-ouest de la ville, non loin des cascades si remarquables du Rummel, se trouve l'établissement de bains de Sidi-M'Çid, de création récente. Il s'y trouve plusieurs piscines alimentées chacune par une source différente, de température variant de 32 à 34°. La plus grande reçoit la troupe au moment des bains d'été. Les eaux thermales de Sidi-M'Çid renferment quelques principes sulfureux et ferrugineux, du carbonate de chaux, etc.

Nous avons cherché à utiliser l'action thérapeutique des eaux de Sidi-M'Çid pour quelques affections de la peau ; les résultats obtenus n'ont pas été très concluants et nous ont fait supposer que ces sources sont surtout thermales ; néanmoins des malades atteints de douleurs rhumatismales ont semblé trouver une amélioration dans leur état après plusieurs bains de Sidi-M'Çid. D'autres jouissant d'une santé parfaite ont eu à se plaindre, après quelques séances à la station balnéaire précitée d'éruptions furonculeuses, tournioles, etc., même chez des personnes d'un tempérament lymphatique.

Enfin nous mentionnerons, à la porte même de la ville le mamelon du Coudiat-Aty, vaste nécropole où sont pour ainsi dire étagées, dans le dernier sommeil, les générations puniques, romaines et arabes de l'ancienne Constantine.

Tableau récapitulatif

des diverses catégories de jeunes gens sur la position desquels a statué le conseil de révision.

LOCALITÉS.	INSCRITS.	Admis bons présents.	Admis bons absents.	Service auxiliaire.	Ajournés à un an.	Dispensés.	Exemptés pour infirmités.
Sétif................	42	19	15	»	1	2	5
Bordj-bou-Arreridj...	5	4	»	»	»	»	1
Bongie.............	8	2	1	»	»	1	4
Djidjelli...........	14	7	5	»	»	»	2
Philippeville	50	30	4	1	»	4	11
Bône	70	34	26	1	»	5	10
Souk-Ahras........	46	10	1	1	»	»	4
Guelma	25	20	1	»	»	1	3
Jemmapes..........	9	6	1	»	»	1	1
Batna.............	25	12	3	»	»	4	6
Aïn-Beïda.........	6	6	»	»	»	»	»
Constantine........	143	97	11	3	2	16	14
		247	68	6	3	34	61
TOTAUX.........	419				419		

Il faut comprendre dans le chiffre des admis bons présents, dix-huit engagés volontaires.

Les six jeunes gens classés dans le service auxiliaire, peuvent être employés comme boulanger, cordonnier, botteleur ou commis aux écritures.

Des trois ajournés à un nouvel examen, deux sont bien constitués avec 1m53 de taille ; un troisième a la taille réglementaire, mais il est insuffisamment développé.

TABLEAU des maladies ou infirmités, causes d'exemptions.

MALADIES OU INFIRMITÉS.	NOMBRE.
Teigne	2
Difformité de la face	1
Perte d'un œil ou de l'usage d'un œil	3
Myopie	3
Kératite, taie, albugo etc	19
Conjonctivite granuleuse	3
Blépharite chronique	1
Bégaiement	2
Affections organiques du cœur	2
Hernie inguinale	6
Testicule engagé dans l'anneau ing	1
Cirsocèle	1
Carie osseuse du genou	1
Cicatrice vicieuse à la jambe	1
Cicatrice vicieuse et rétraction du coude	2
Atrophie de la main droite	1
Gibbosité	2
Epilepsie	1
Faiblesse générale de constitution	8
Rachitisme	1
TOTAL	61

Il faut ajouter à ces soixante-un cas d'exemptions neuf cas de réforme constatés soit à la revue de départ soit après l'incorporation et par suite des circonstances suivantes :

Plusieurs *bons absents* se sont présentés à la revue de départ ; quelques-uns d'entr'eux ont fait valoir des motifs de réforme qui ont été pris en considération : d'autres non présents à cette revue et visités à leur arrivée au corps ont été également reconnus impropres au service ; ces neuf réformés sont atteints des maladies ou infirmités suivantes : maladies des yeux (albugo et ophthalmie chronique) : 2 ; arthrite chronique du genou gauche : 1 ; phthisie pulmonaire : 2 ; cicatrices adhérentes au front avec perte de substance osseuse : 1 ; alopécie 1 ; ulcères scrofuleux et syphilis constitut. : 1 ; faiblesse générale et développement insuffisant : 1. Parmi eux deux appartenant à la race israélite avaient été reconnus aptes au service militaire par mon collègue à une des séances dont il était chargé, et également reconnus bons par moi lorsque j'ai eu à les visiter avant leur mise en route. Si on ajoute ces neuf réformes aux 61 exemptions du tableau qui précède on obtient le total de 70 non valeurs à retrancher du contingent, chiffre auquel participent les Israélites pour 26 (leur part d'inscrits et de 88). (1)

On remarquera la large proportion des affections des yeux : 28 sur 70 (en omettant les cas de myopie), dans le nombre des causes physiques d'exemption on de réforme ; nous croyons qu'on chercherait vainement dans la statistique du recrutement en France une aussi forte proportion de maladies de ce genre ; nous avons cherché à en expliquer les causes lorsque nous nous sommes occupé, au commencement de cette étude, des conditions défectueuses d'hygiène où se trouvent certaines

____

(1) Nous savons qu'en 1877 les services auxiliaires ayant été plus nettement définis, on a pu y faire entrer plusieurs conscrits qui sans cela auraient été exemptés définitivement pour infirmités ou maladies : il est donc probable que le chiffre des non valeurs aura été diminué et inférieur à celui de la révision de 1876.

fractions de la population algérienne, notammeut les Israélites ; or ce sont eux qui ont fourni le plus graud nombre des cas d'inaptitude que nous mentionnons.

En décomposant ce chiffre d'exemptions pour ophthalmies par centres d'opération de révision nous obtenons les proportions suivantes : Sétif, 2 sur 5 exemptions ; Bougie, 2 (de Bougie même) sur 4; Philippeville, 6 (dont 4 de Philippeville même) sur 11 ; Bône, 4 (dont 3 de Bône) sur 10 ; Guelma 3 sur 3 ; Batna, 2 sur 6; Souk-Ahras, 2 sur 4 ; Constantine 7 sur 14.

Ce tableau qui semblerait faire voir que ce sont surtout les localités de la côte qui sont le plus sujettes aux ophthalmies, ne peut pas en définitive nous donner des indications suffisantes pour une conclusion absolue ; car nous voyons à Guelma, dans l'intérieur, trois cas de kératite sur 3 exemptions, et à Souk-Ahras 2 sur 4 ; (pour Constantine le nombre des Israélites inscrits fait qu'il n'y a rien d'étonnant dans la proportion des cas d'exemption pour maladies des yeux, 7 sur 14). Outre les causes de ces affections attribuées par nous à l'encombrement, avancerons-nous que les villes du littoral, soumises du reste aux mêmes conditions d'insuffisance de logement, se trouvent en outre dans des conditions d'humidité relative qui favorisent les manifestations morbides catharrales et strumeuses auxquelles on peut le plus souvent rattacher le groupe nosologiqu⌐ dont nous nous occupons ; enfin la réverbération de la mer, très fatigante pour la vue à certains moments de la journée et par certains temps, doit-elle entrer pour quelque chose dans l'énumération de ces causes ? Nous pensons qu'un groupement de statistiques ultérieures ayant trait au même sujet d'études pourra seul donner des résultats positifs. D'autre part les diverses professions auxquelles appartiennent les conscrits ou leur famille, ne sont pas de nature à les attacher à une résidence absolument sédentaire; les migrations d'une localité à une autre en Algérie ou de France en Algérie, ont été et sont encore très fréquentes ; le nombre des cultivateurs c'est-à-dire de gens fixés au sol est encore trop restreint, toute proportion gardée, pour que l'on puisse mathématiquement affirmer la constitution médicale d'une région par le nombre des exemptions pour infirmités qui peuvent être conférées à ses conscrits.

Nous ferons remarquer la rareté des cas de phthisie pulmonaire. (deux seulement chez des inscrits qui ne sont pas nés en Algérie).

Tableau des inscrits par nationalités

ALGÉRIE	ESPAGNE	DÉPARTEMENTS FRANÇAIS		
		du Nord	du Centre	du Midi
296	1	8	52	62
419				

Nul n'ignore que la loi a appelé à satisfaire aux exigences du recrutement non seulement les français ou naturalisés nés en Algérie au plus tard au 31 décembre 1855, mais encore ceux qui y sont depuis dix ans au moins, ou qui ont contracté un engagement décennal de résidence.

TABLEAU des inscrits par professions

Cultivateurs..	77
Coiffeurs.	3
Bouchers.	5
Jardiniers.	3
Tailleurs d'habits.	10
A REPORTER	98

TABLEAU des inscrits par professions (suite).

REPORT.	98
Menuisiers, charpentiers, scieurs de long.	12
Employés, commis, chaouch au tribunal..	59
Douanier..	1
Cordonniers..	10
Journaliers.	10
Boulangers.	11
Ajusteurs, forgerons, serruriers, chaudronniers, maréchal-ferrant, charrons	20
Maçons, tailleurs de pierres.	15
Charcutiers.	3
Tapissiers	5
Terrassiers, mineurs..	2
Imprimeurs..	5
Étudiants en médecine ou en pharmacie.	8
Peintres, dessinateurs.	6
Propriétaires, sans profession.	45
Platrier	1
Bouchonniers.	4
Clercs de notaire, d'avoué, d'huissier.	15
Cafetiers.	2
Professeurs de musique..	2
Géomètres.	2
Garçons de café, d'hôtel, cuisiniers.	5
Garçons épiciers.	4
Meuniers..	5
Voituriers, postillons, charretiers.	7
Colporteurs.	7
Bijoutiers, horlogers.	8
Cordiers.	3
Relieur	1
Armurier..	1
Militaires (engagés volontaires).	18
Douteux ou inconnus.	24
TOTAL.	419

TABLEAU des inscrits par degré d'instruction

Sachant lire, écrire et compter	LIRE ET ÉCRIRE	NI LIRE NI ÉCRIRE	DOUTEUX OU INCONNUS
233	8	18	160
419			

Il est a remarquer que onze engagés volontaires figurent dans la 4e colonne et peuvent être sans erreur placés au moins dans la seconde.

La moyenne des illettrés de France est de 18 %; elle est de 12,63 % en Algérie, où tout est fait pour donner à l'instruction un grand développement. D'après les derniers documents officiels (1876), le nombre des élèves fréquentant les diverses écoles est de 44,479 dont 3,032 pour l'enseignement secondaire et 41,447 pour l'enseignement primaire.

TABLEAU des inscrits par taille

DE 1m55 à 1m60	DE 1m61 à 1m65	DE 1m66 à 1m70	DE 1m71 à 1m75	DE 1m76 à 1m80	DE 1m81 à 1m85	INCONNUS
38	80	104	59	19	2	146
419						

La taille moyenne des conscrits connus, venant des départements français est de 1m714 pour les departements du Nord ; de 1ᵐ667 pour ceux du centre, et 1ᵐ614 pour le midi de la France ; la moyenne pour les inscrits nés en Algérie est de 1ᵐ665.

TABLEAUX des inscrits par constitution physique

TRÈS FORTE	FORTE	MOYENNE	MÉDIOCRE	INSCRITS
25	175	19	54	146

419

Dans la cinquième colonne (inconnus) figurent les 18 engagés volontaires que leur absence aux séances de révision n'a pas permis d'apprécier, mais qui doivent avoir une constitution vigoureuse, si l'on a tenu compte, au moment où ils se sont présentés pour entrer dans l'armée, des prescriptions ministérielles qui recommandent une grande sévérité d'examen pour cette catégorie d'indivus. De plus un certain nombre d'inscrits exempts pour infirmités, ont une taille élevée et une forte constitution ; nous citerons par exemple un jeune homme de Bordj-bou-Arréridj, porteur d'une cirsocèle volumineuse et qui, sans cette infirmité aurait figuré aux constitutions très-fortes, avec une taille de 1ᵐ80 ; un autre de Batna exempté pour myopie se trouve dans les mêmes conditions ; un troisième, de Souk-Ahras, ayant une forte constitution et une taille de 1ᵐ75 a été exclu pour cicatrice vicieuse de la jambe par suite d'une cause accidentelle.

Nous aurions désiré pouvoir prendre, au moment même de la visite des jeunes gens, qu'ils fussent exemptés ou non, tous les renseignements possibles sur leur taille, leur constitution, leur poids, etc. ; la rapidité avec laquelle nous avons été obligés de remplir un programme dont les conditions ont failli deux ou trois fois ne pas être exécutées, faute de temps, a rendu absolument impossible une appréciation plus complète.

Néanmoins, l'envoi de quatre-vingts de ces jeunes gens au 3e de Zouaves nous a permis de les juger au point de vue physique et même d'établir un point de comparaison entr'eux, quatre-vingts zouaves venus de France et le même nombre de tirailleurs, en ayant soin de ne prendre que des soldats ayant moins d'un an de services. Le résultat de cette étude a donné pour moyennes de taille et de poids les chiffres suivants :

	Taille	Poids
Zouaves français.........	1^m,6200	61^{k}495
Zouaves algériens........	1^m,6706	61^{k}945
Tirailleurs indigènes.....	1^m,6507	61^{k}252

soit, en prenant par exemple le centimètre pour unité de taille, le poids proportionnel suivant :

Zouaves français................	0^k,37952
Zouaves algériens..............	0^k,37093
Tirailleurs indigènes...........	0^k,37120

Nous reproduisons ici en détail quelques chiffres comparatifs entre trente zouaves français, trente zouaves algériens et trente tirailleurs indigènes, en indiquant leur poids, leur taille et leur constitution ; nous donnons ce tableau comme simple spécimen, jugeant inutile de le dévopper davantage. Les hommes qui y figurent sont les trente premiers examinés de chaque catégorie.

TABLEAU
DE

taille, du poids et de la constitution de 90 zouaves

COMPARATIF
LA

français, zouaves algériens et tirailleurs indigènes

ZOUAVES VENUS DE FRANCE.		CONSTITUTION			ZOUAVES ALGÉRIENS		CONSTITUTION			TIRAILLEURS INDIGÈNES.		CONSTITUTION		
TAILLE.	POIDS.	très forte.	forte.	moyenne ou médiocre	TAILLE.	POIDS.	très forte.	forte.	moyenne ou médiocre	TAILLE.	POIDS.	très forte.	forte.	moyenne ou médiocre
1m65	64k800	»	1	»	1m70	62k800	»	»	1	1m65	60k800	»	»	1
1 65	63 800	»	1	»	1 70	67 800	»	1	»	1 66	57 800	»	»	1
1 69	69 800	1	»	»	1 62	53 800	»	»	1	1 75	60 800	»	»	1
1 64	66 800	»	1	»	1 60	52 800	»	»	1	1 67	46 800	»	»	1
1 57	58 800	1	»	»	1 68	60 800	»	1	»	1 68	63 800	»	»	1
1 59	66 800	1	»	»	1 68	63 800	»	1	»	1 70	61 800	»	»	1
1 60	57 800	»	»	1	1 60	56 800	»	1	»	1 65	63 800	»	1	»
1 59	67 800	1	»	»	1 58	57 800	»	»	1	1 65	65 800	»	1	»
1 65	62 800	1	»	»	1 67	56 800	»	1	»	1 67	60 800	1	»	»
1 64	54 800	»	»	1	1 70	66 800	1	»	»	1 69	66 800	»	1	»
1 55	62 800	1	»	»	1 78	78 800	»	»	1	1 65	67 800	1	»	»
1 61	62 800	»	1	»	1 67	56 800	»	»	1	1 56	48 800	»	»	1
1 57	52 800	»	1	»	1 63	62 800	»	1	»	1 68	57 800	»	»	1
1 54	55 800	»	1	»	1 82	71 800	»	1	»	1 67	63 800	»	1	»
1 61	60 800	»	1	»	1 65	61 800	»	1	»	1 67	59 800	»	»	1
1 66	63 800	»	1	»	1 70	66 800	»	»	1	1 57	55 800	»	1	»
1 61	58 800	»	1	»	1 67	59 800	»	»	1	1 67	53 800	»	»	1
1 61	65 800	1	»	»	1 62	56 800	»	»	1	1 65	69 800	1	»	»
1 60	72 800	1	»	»	1 61	49 800	»	»	1	1 69	63 800	»	»	1
1 64	59 800	»	1	»	1 71	61 800	»	»	1	1 65	62 800	»	1	»
1 67	55 800	»	»	1	1 65	56 800	»	»	1	1 62	59 800	»	»	1
1 62	58 800	»	1	»	1 65	55 800	»	»	1	1 71	62 800	»	»	1
1 63	60 800	»	1	»	1 67	65 800	»	1	»	1 68	69 800	1	»	»
1 62	53 800	»	»	1	1 63	52 800	»	»	1	1 64	64 800	1	»	»
1 58	66 800	1	»	»	1 58	50 800	»	1	»	1 59	54 800	»	1	»
1 57	59 800	1	»	»	1 60	58 800	»	»	1	1 58	53 800	»	1	»
1 68	69 800	»	1	»	1 55	52 800	»	»	1	1 68	79 800	1	»	»
1 61	60 800	»	1	»	1 70	78 800	1	»	»	1 65	60 800	»	»	1
1 69	63 800	»	1	»	1 68	50 800	»	»	1	1 65	63 800	»	1	»
1 64	66 800	»	1	»	1 73	62 800	»	1	»	1 60	62 800	1	»	»

(Chaque constitution a été inscrite avant le pesage de l'homme.)

Nous avons réuni les constitutions moyennes et médiocres dans une seule colonne, ces dernières étant en petit nombre et dues pour quelques-unes au moins, à l'anémie, suite de fièvres contractées par les Zouaves et les Tirailleurs détachés cette année à la surveillance des forêts.

Ces hommes ont été pesés sur une bascule n'indiquant pas les fractions de kilogramme, et comme d'autre part la rigueur de la saison ne me permettait pas de les faire rester pieds nus dans une salle dallée, je leur ai fait conserver leurs souliers et leurs guêtres que j'ai dû défalquer du poids individuel, à raison de 1,200 grammes en moyenne, ce qui explique cette fraction de 800 grammes assez singulière à première vue. La constitution la plus forte appartient aux zouaves venus de France, recrutés il est vrai avec le même soin que les chasseurs à pied. Du reste les tirailleurs, tous engagés volontaires, sont aussi des hommes choisis et on doit reconnaître que, doués d'un tempérament en général bilioso-nerveux, ils compensent par une énergie étonnante leur infériorité relative de poids ; l'un d'eux figure au tableau qui précède avec 1^m67 de taille et 46^k800 de poids, proportion en désaccord avec toute aptitude militaire ; et pourtant cet indigène, est un des meilleurs marcheurs de sa compagnie.

Cette étude est fort incomplète et nous aurions pu y joindre par exemple la mensuration de la poitrine, pour nous rendre un compte plus exact encore de la valeur physique de chaque homme. Dans un conseil de révision, où ces données sont de la dernière importance, généralement le médecin qui a quelqu'habitude de cette branche du service médico-légal, se trompe rarement dans son examen d'ensemble, examen qui doit toujours précéder l'étude des différentes parties du corps ; quelquefois pourtant le doute peut naître dans son esprit comme dans celui du Conseil qu'il a mission d'éclairer ; en un mot le conscrit *est sur la limite ;* c'est alors que le poids et la mensuration comparés à la taille viennent puissamment en aide à l'expertise et nous indiquons un peu plus loin le moyen très simple d'arriver à une appréciation exacte.

Ordinairement, dans une séance de révision, le conscrit est soumis à l'examen du médecin immédiatement après que son identité a été constatée par le président du conseil ; ce n'est qu'à la suite de l'avis médical que la taille et le signalement sont pris par les soins du commandant de recrutement. Il serait à désirer que dans chaque salle des séances il y eût à côté de la toise une bascule : pendand l'examen d'un conscrit on en ferait entrer un second qui serait toisé et pesé immédiatement et dont le poids et la taille, préalablement connus, aideraient beaucoup le médecin, avec la mensuration pectorale, dans les cas douteux d'examen d'ensemble ; cette mesure ne nuirait en rien à la promptitude des opérations.

Ce premier travail sur le recrutement partiel de l'Algérie n'est qu'un jalon, et nous ne pouvons pas en tirer des conclusions bien affirmatives : nous y ajouterons pourtant la réflexion suivante : les jeunes conscrits algériens incorporés au 3e de Zouaves se font en général remarquer par leur intelligence, leur aptitude au service et leur promptitude à s'assimiler l'esprit militaire du régiment.

Constantine. — Imp. CH. BAYARD.

www.ingramcontent.com/pod-product-compliance
Ingram Content Group UK Ltd.
Pitfield, Milton Keynes, MK11 3LW, UK
UKHW021501090726
13657UKWH00003B/1457